Nils Ole Oermann

Zum Westkaffee bei Margot Honecker

Letzte Begegnungen mit
einer Unbeirrten

Hoffmann und Campe

Mitleid mit Menschen, die eine Diktatur
inszeniert und aufrechterhalten haben,
muss man nicht übertreiben.

Helmut Schmidt

Inhaltsverzeichnis

Eine kleine DDR mitten in Chile

5. April 2016, 14.40 Uhr, La Reina, Santiago de Chile:
Die Frau hinter der Kuchentheke lächelte. Wer mochte der Fremde sein, der da gleich eine ganze Blaubeertorte kaufte? Mir hingegen war beklommen zumute. Ich stand in einem kleinen Café in La Reina, übersetzt »die Königin«. La Reina ist ein schmucker Vorort der chilenischen Hauptstadt mit ihren sechs Millionen Einwohnern. Kein »Nobelstadtteil«, wie manche Medien in Deutschland über Honeckers selbstgewähltes Exil schrieben, aber eine gutbürgerliche Wohngegend. Gleich würde ich sie wiedersehen, zum vierten und letzten Mal, sie, die »meistgehasste Frau der DDR«, wie die *Welt* anlässlich ihres 80. Geburtstages 2007 titelte: Margot Honecker.

In den vergangenen Tagen hatten wir mehrmals miteinander telefoniert, um einen Termin für ein Treffen zu finden. Manchmal hatte ihre Stimme geschwächt geklungen, manchmal fest. Mit einem Besuch sei es schwierig, sagte sie mir. Sie könne das Bett nicht mehr verlassen, und ihr Befinden sei jeden Tag höchst unterschiedlich. Hatte ihr fortgeschrittenes Krebsleiden sie äußerlich sehr verändert? Dachte sie angesichts ihrer schweren Krankheit anders über ihr Leben als bisher?

Bereute sie gar plötzlich etwas, im Angesicht des Todes? Ich sollte es bald erfahren, an jenem zunächst klaren und dann wieder wolkenverhangenen Tag im April, der auf der Südhalbkugel ein Herbstmonat ist und in dem sich die Blätter zu färben beginnen. Während ich in der Konditorei für mein Gastgeschenk zahlte und mein Kuchenpaket in Empfang nahm, ging mir noch dieser Gedanke durch den Kopf: Auch Chile ist ein Land, in dem eine Diktatur vielen Müttern ihre Kinder genommen hat, in dem Andersdenkende verfolgt, eingesperrt, erniedrigt und sogar ermordet wurden. Hätte mich die Frau hinter der Kuchentheke weiterhin angelächelt, wenn sie gewusst hätte, wer da in ihrer Nachbarschaft direkt am Fuße der Kordilleren lebte und für wen der Kuchen bestimmt war?

Es war meine dritte Reise nach Chile, es sollte das vierte und letzte ausführliche Gespräch mit Margot Honecker, geborene Feist, werden. Schon 2013 und 2015 war ich ihretwegen in die chilenische Hauptstadt gereist. Inzwischen hatten wir per E-Mail Kontakt gehalten. Doch ab Anfang 2016 waren meine Mails zum ersten Mal ohne Antwort geblieben. Ich wusste um Margot Honeckers Krebserkrankung und vermutete sofort, dass sich ihr Zustand akut verschlimmert haben könnte. Denn nicht nur, wenn es um die Beantwortung von Mails ging, hatte ich diese alte Dame als einen Menschen kennengelernt, dem preußische Sekundärtugenden wie Ordnung, Fleiß und Disziplin äußerst wichtig waren.

Als ich gleich nach Ostern 2016 in Chile gelandet war, konnte ich sie zunächst überhaupt nicht mehr erreichen. Wie in den Jahren zuvor rief ich sie erst direkt vom Flughafen und dann von meiner Unterkunft aus an und war darauf eingestellt, dass sie mich wieder zwei, drei Tage würde warten lassen, ehe sie zum Kaffee bat – stets für 15 Uhr, wobei trotz des unberechenbar dichten Stadtverkehrs pünktliches Erscheinen erwartet und Gebäck und Westkaffee gereicht wurden – für ostdeutsche Sorten wie *Röstfein Mocca Fix Gold* und *Rondo* hatte sich Margot Honecker dem Vernehmen nach schon zu DDR-Zeiten nicht erwärmen können.

Doch wenn ich diesmal die übliche Telefonnummer anrief, dann tat sich auch nach langem Läuten nichts. Ich wusste weder, wie es genau um sie stand, noch wie ich weiter verfahren sollte. Schließlich, nach drei Tagen, an einem Sonntag, hörte ich plötzlich doch ihre Stimme. Ja, sie wisse, dass ich in der Stadt sei. Und ja, sie habe meine Nachrichten bekommen, aber sie könne E-Mails nicht mehr beantworten. Ein Treffen? Das wolle sie nicht versprechen, es gehe ihr gesundheitlich nicht mehr gut. Es komme doch sehr auf ihre Tagesform an, ob sie Gäste empfangen könne.

Ich versuchte behutsam, zu ergründen, wie krank sie war, ob ihr die Krankheit Angst machte und ob diese neue Situation ihre Sicht auf Gott, die Welt und die Politik verändert habe. Ja, sehr krank, und nein, sie wisse ja, seit sie ihren an Krebs erkrankten Mann bei seinem Sterben begleitet und bis zum Schluss gepflegt habe, was da auf sie zukomme. Und dann ganz plötzlich, präzise und hart: Sie liege im Sterben. Nur ihre engste Familie sowie »drei deutsche und drei chilenische Genossen« wüssten, dass ihr Brustkrebs im Januar aggressiv wiedergekommen sei und über mehrere Organe bis zur Wirbelsäule gestreut habe.

Diese sechs Genossen würden nun alle weiteren Angelegenheiten, einschließlich der Modalitäten ihrer Bestattung, für sie regeln. Sie könne seit längerem das Bett nicht mehr verlassen. Ihre Tage seien gezählt, das wisse und akzeptiere sie. Das erzähle sie mir, sagte sie, weil ich mich bisher stets an unsere Absprachen gehalten habe und sie mir darum vertraue. Ich dürfe kommen, aber keiner Menschenseele davon erzählen, denn sonst würden die Journalisten sie belagern wie damals ihren Mann und ihr »die letzten Tage meines Lebens zur Hölle machen«. Ich versprach ihr zu ihren Lebzeiten Vertraulichkeit und wurde gewissermaßen nun temporär ihr »Genosse Nr. 7«.

Sogleich wechselte sie das Thema und sprach lieber über unsere zurückliegenden Treffen (»Wie lange haben wir uns eigentlich nicht gesehen?«), über meine und ihre Familie, über die politische Vergangenheit der Eheleute Honecker, über ihre DDR und vor allem über ihre Sicht der Gründe, warum es diesen Staat nicht mehr gab. So bewegten wir uns auch in diesem Telefonat rasch wieder hin zu den Themen und in die Atmosphäre unserer früheren Gespräche. Ich spürte, dass Margot Honecker Gefallen daran hatte und mich wohl als eine Art Verbindung zur fernen Heimat empfand, ich bot ihr offenbar eine belebende Abwechslung. Am Ende des Gesprächs fragte ich, ob ich wieder anrufen dürfe. Sie bejahte, und nach zwei weiteren Telefonaten lud sie mich zu sich ein – wie immer für 15 Uhr, am Dienstag, dem 5. April 2016. Allerdings bestellte sie mich an einen anderen Ort als in den Jahren zuvor. Schon durch diesen Ortswechsel war mir klar, dass dies unser letztes Gespräch werden sollte. Doch ich war mir wie immer ganz sicher, dass sie den angebotenen Termin einhalten würde.

Bisher hatte ich sie in ihrem Haus besucht, in einer Siedlung mit hohem Zaun, Einlasskontrolle und Anmeldung der Gäste durch einen Torwächter. Irgendwie passte es, wie ich fand, zu einem Domizil der Honeckers, die ihre politische Macht nur durch Zäune und Wächter hatten aufrechterhalten können. Ihr Haus war geräumig gewesen, zwei Etagen mit zusammen deutlich über hundert Quadratmetern, und die Honeckers hatten sie eingerichtet, ohne zu sparen und ohne zu protzen. Im ersten Stock waren zwei Schlafzimmer, die auch ihr Mann Erich nach seinem Eintreffen in Santiago im Januar 1993 bis zu seinem Tod im Mai 1994 genutzt hatte.

Die Einrichtung wirkte teilweise chilenisch-modern, teilweise ostdeutsch-retro: ein modernes weißes Sofa und ein, wie in La Reina üblich, üppig bepflanzter Garten mit Terrasse, auf der wir saßen. Auf den Regalen bunte Kelche aus der DDR und andere realsozialistische Staubfänger. Dazu viele Bücher, meist Historisch-Sozialistisches, aber auch deutschsprachige Romane und viele Bildbände zu Kunst und Geographie. Überhaupt: lateinamerikanische Kunstwerke, Bilder mit den typischen bunten Häusern aus der Stadt Pablo Nerudas, Valparaiso. Davon einige, die dem Stil nach ihr 1974 in der DDR geborener Enkel Roberto Yáñez Betancourt y Honecker, ein freischaffender Künstler, gemalt haben könnte. Valparaiso ist eine Stadt voller Künstler. »Eine verrückte Stadt«, sagte Margot Honecker.

Das Interieur wurde komplettiert durch einen Fernseher und einen Computer, mit denen sie nach eigener Angabe intensiv das politische Tagesgeschehen in Deutschland verfolgte. Sie sagte: »Mein Enkel hat mir das Internet beigebracht. So kann ich jeden Tag mehrere Stunden deutsche Nachrichten lesen, und vor allem kann ich auch mit Genossen in Deutschland in Kontakt bleiben.« Als ich das hörte, vermutete ich, dass ihr Chile als der Ort des Exils immer noch fremd geblieben war. In ihrem Kopf und ihrem Herzen lebte diese Frau in Deutschland. Oft fragte sie mich: »In Deutschland, wie geht's lang?« Die deutsche Tagespolitik interessierte sie sehr, und sie begann ihren Morgen regelmäßig mit der Lektüre von Spiegel Online.[1] In Chile hingegen, da sei sie seit ihrer Ankunft 1992 im Land kaum gereist, und sie spreche auch fast kein Spanisch. In Kuba, da sei sie öfter eingeladen gewesen. Auch in Namibia und Nicaragua sei sie schon gewesen, auf Einladung der dort führenden Genossen, aber Chile kenne sie mit Ausnahme ebenjener Pazifikstadt Valparaiso und Santiago kaum – und das nach über zwanzig Jahren Aufenthalt. Umso mehr Aufmerksamkeit widmete sie offenbar ihrem eigenen Stückchen Chile: Kein Stäubchen, glatte Böden und blitzblanke Fliesen waren ein Beleg dafür, dass in jenem zweistöckigen Haus mit vier Zimmern jemand wohnte, der sehr auf Sauberkeit achtete.

Nach Erich Honeckers Tod war der erwähnte Enkel Roberto zu seiner Großmutter gezogen, die ihn unterstützte. Der stämmige junge Mann fasste seine Befindlichkeit in ihrem südamerikanischen Exil einmal in einem Interview in folgendem bemerkenswerten Satz zusammen: »Ich bin der letzte DDR-Bürger, weil ich bei ihr lebe.«[2]

War ich in dieser Wohnung, dann kam ich mir zwar nicht vor wie in einer der damals so begehrten 3-Zimmer-Plattenbauwohnungen in Halle-Neustadt, Jena-Lobeda, Leipzig-Grünau oder Rostock-Lichtenhagen, denn dafür war es zu gutbürgerlich. Es fühlte sich aber auch nicht an wie in einer typisch chilenischen Wohnung mit ihrem offenen, hellen, südamerikanischen Flair. Die Einrichtung machte es einem gleich begreiflich: Hier wohnte seit fast einem Vierteljahrhundert eine Diktatorenwitwe, die gefühls- und verstandesmäßig in der intakten DDR und heilen Welt der SED lebte, die aber gleichzeitig auf einem weit höheren Standard zu konsumieren gewohnt war als die allermeisten DDR-Bürger.

Doch jenes Domizil gehörte nun der Vergangenheit an. Dorthin, wo ich sie 2013 und 2015 getroffen hatte, sollte ich also dieses Mal nicht mehr kommen – niemals wieder. Margot Honecker war ein letztes Mal umgezogen – und zwar als Pflegefall in das Reihenhaus ihrer Tochter Sonja, das ebenfalls in La Reina und nicht weit von ihrer alten Wohnung lag, diesmal ohne dicke Grenzmauer, aber immerhin mit dickem Wachmann. Es war das vorletzte Haus in einer langen Reihenhaussiedlung. Eine edle braune Holztür. Wiederum einladend eingerichtet, wiederum nicht luxuriös, aber auch nicht billig. Margot Honecker sagte, sie wolle jetzt ihre alte Wohnung in La

Reina vermieten, um sich mit den zusätzlichen Einnahmen angemessen pflegen lassen zu können. Rund um die Uhr wurde sie von chilenischen Krankenschwestern versorgt, die der bettlägerigen alten Frau Morphin gegen die Schmerzen verabreichten: »Ich kriege alle vier Stunden Opium gespritzt.« Sie sagte das mit fester Stimme und ohne jede Bitterkeit.

Im Haus ihrer Tochter also sollten wir uns wiedersehen, und vom Krankenlager aus begrüßte Margot Honecker mich in jenem Zimmer, in dem sie einen Monat später sterben sollte. Als ich es betrat, lag keinerlei Geruch nach Alter, nach Krankheit oder Tod in der Luft, wie man ihn aus manchem Pflegeheim kennt. Bis auf die zahlreichen Tablettenpackungen deutete in dem hellen, freundlichen Zimmer nichts darauf hin, dass Margot Honecker nur noch vier Wochen zu leben haben sollte.

Ihr Gesicht wirkte auch nicht fahl oder eingefallen, wie ich das erwartet hatte, sondern sie hatte den leicht gebräunten, beinahe gesunden Teint jener Frau, die während der Zeit unserer Begegnungen auf sich, auf ihre Gesundheit und auf ihr Äußeres genau geachtet hatte. Exakt sitzende, gestärkte Blusen, wache Augen und kein Gramm Fett zu viel, ohne dabei je mager oder krank zu wirken. So kontrolliert begegnete mir Margot Honecker nicht nur zu diesem Anlass.

Als ich den Raum langsam, ja vorsichtig betrat, saß sie bereits kerzengerade auf dem Bett, in modischem Poloshirt und dunkelblauem Pullover, eine weiße Decke über die Beine gebreitet. Sie wirkte trotz des Morphins nicht benebelt. Und sie klang auch nicht schwach wie manchmal am Telefon. Sie war ganz bei sich und schien sich auf ihren Gast zu freuen. In keinem unserer Gespräche hatte sie trotz ihres hohen Alters je ein Problem gehabt, sich an Menschen und Ereignisse zu erinnern. Sie zeigte bis zum Schluss nicht das leiseste Anzeichen einer Altersdemenz.

Sie war bestens auf meinen Besuch vorbereitet – alles wie immer eigentlich. Mit einer Ausnahme: Wir wussten beide, dass es der letzte Besuch sein sollte. Das hatte sie mir bereits am Telefon gesagt. Ein Abschied für immer, nicht unter Freunden, aber unter Menschen, deren Wege sich mehrfach gekreuzt und die sich offenbar etwas zu sagen hatten.

Eigentlich bildeten wir eine höchst unwahrscheinliche Kombination. Sie, die gebürtige Hallenserin, war nicht nur fast ein halbes Jahrhundert älter als ich. Wir hatten auch in zwei deutschen Staaten gelebt, die unterschiedlicher nicht sein konnten. Sie war bekennende Stalinistin und machtbewusste Ministerin, *First Lady* in einem totalitären Staat und unbeirrbar linientreue Ideologin. Ich wiederum wirke politisch interessiert, aber undogmatisch als Hochschullehrer an einer westdeutschen Universität und bemühe mich, mit und für junge Leute strukturiert Wissen zu schaffen. Wissenschaft ist für mich genau das: Diese bedingungslose wie strukturierte Suche nach Wahrheit, ohne zugleich Wahrheitsmonopole anzustreben oder diese auch nur zu akzeptieren.

Das war bei ihr ganz anders. Sie glaubte genau zu wissen, was wahr und was unwahr war. Einmal rekonstruierten wir gemeinsam den Liedtext des bekannten

Songs der FDJ-nahen Gruppe Oktoberklub, der da lautet: »Sag mir, wo du stehst«. Darin heißt es: »Wir haben ein Recht darauf, dich zu erkennen./ Auch nickende Masken nützen uns nichts,/ Ich will beim richtigen Namen dich nennen,/ Und darum zeig mir dein wahres Gesicht!«

Während ich mich fragte, warum überhaupt irgendein Staat ein »Recht« darauf haben sollte, »mich zu erkennen«, und ob es nicht Gott allein vorbehalten bleiben sollte, uns beim rechten Namen zu nennen, bin ich mir ziemlich sicher, dass sich Margot Honecker solche Fragen nicht stellte. Natürlich hatte der sozialistische Staat jederzeit das Recht, zu fordern: »Sag mir, wo du stehst.« Und da gab es keinen Raum für Ambivalenzen oder differenziertere Haltungen, sondern nur: Freund oder Feind, Revolutionär oder Konterrevolutionär, Genosse oder Klassenfeind, wahr oder unwahr.

Manchen Menschen, die anderen Böses angetan haben, geht das so sehr nach, dass sie Albträume haben und schlecht schlafen. Andere schlafen bestens. Am Ende unserer Gespräche nehme ich stark an: Wegen innerer Unruhe über ihren rigorosen Umgang mit Klassenfeinden und Gegnern ihres Regimes hat diese Frau keine Minute Schlaf verloren.

Ich habe über die Jahre öfter darüber nachgedacht, was Margot Honecker dazu bewogen haben mag, über einen längeren Zeitraum mit mir zu sprechen und mir damit Vertrauen zu schenken. Waren es vielleicht gerade die Unterschiede zwischen unseren Lebenswegen, die sie anzogen? Sie betonte mehrfach: »Ich bin Autodidakt.« Sie hätte gern mehr formale Bildung genossen.

Sie habe darum einen hohen Respekt vor Bildung und Wissen. Gleichzeitig hatte sie als Ministerin für Volksbildung das Bildungswesen der DDR mit eiserner Härte ideologisch verbogen. Und sie hatte alle, bei denen sie abweichende Ansichten auch nur vermutete, gnadenlos von Bildungs- und Lebenschancen ausschließen lassen.

Ebendas, die Zerstörung von Biographien, haben die Verbände der Opfer des SED-Regimes Margot Honecker anlässlich ihres Todes noch einmal vorgeworfen. Von der Partei Die Linke war übrigens zu diesem Anlass überhaupt nichts zu hören – vermutlich deshalb, weil Margot Honecker aus jener Partei, da hieß sie noch Partei des Demokratischen Sozialismus (PDS), im Februar 1990 ausgetreten ist, angewidert von all den Häutungen. Zugleich trauerte die Kommunistische Partei Deutschlands (KPD) um ihr »Ehrenmitglied Genossin Margot Honecker« mit großem Porträt auf der Webseite der Partei. Sie sei »auch fernab ihrer Heimat (...) der DDR und der gerechten Sache des Sozialismus immer treu geblieben«.

»Genossin Honecker« war zeitlebens konsequent. Konsequent, auch gegen sich selbst, das schien sie immer zu sein, was einem einerseits zunächst einen gewissen Respekt abnötigte und ihr andererseits zum Vorwurf gereichte, denn sie hatte ein Leben lang zweifellos einen Irrweg verfolgt – hart und unerbittlich.

Aber zurück zu Honecker und Oermann, dem seltsamen Paar in diesem chilenischen Krankenzimmer: Weiteres trennte uns und verband uns anscheinend doch. Neben meiner Tätigkeit in Forschung und Lehre an einer Universität arbeite ich weiterhin ehrenamtlich in meinem Dorf als ordinierter und aktiver Pastor der evangelischen Kirche. Und die Kirchen waren in der DDR aus Margot Honeckers Sicht vor allem eines: Schutzräume für Staatsfeinde. Zudem war ich beratend für große Wirtschaftsunternehmen tätig gewesen, also aus ihrer Sicht ein Experte für die Optimierung des ausbeuterischen Kapitalismus.

Meine Habilitationsschrift hat – ausgerechnet – Richard Schröder betreut, SPD-Fraktionsvorsitzender der ersten und einzigen frei gewählten DDR-Volkskammer und einer der schärfsten und klügsten Kritiker des SED-Regimes, was Margot Honecker doch eigentlich abstoßen musste – oder eben neugierig machen. Gleich zu Anfang hatte ich ihr meinen Lebenslauf gemailt. Es war ihr also zudem bekannt, um nun das Maß wirklich vollzumachen, dass ich beruflich sowohl dem Bundesminister der Finanzen und dem geistigen Vater des Einigungsvertrages Wolfgang Schäuble seit fast 15 Jahren zuarbeite als auch der Persönliche Referent von Bundespräsident Horst Köhler gewesen bin, der ja bei der Herstellung der Deutschen Einheit und beim friedlichen Abzug der Gruppe der Sowjetischen Streitkräfte in Deutschland, also bei der Abschaffung der DDR und der Aussöhnung Deutschlands mit Russland, eine wichtige Rolle gespielt hat.

Aus ihrer Sicht musste ich fast wirken wie ein Abgesandter der Totengräber des zweiten deutschen Staates, wie ein apokalyptischer Reiter des ärgsten Klassenfeindes, der BRD. Ich selbst sah meinen ersten Besuch 2013 als eine zunächst zweckfreie Forschungs-, ja gewissermaßen Besichtigungsreise an. Ich nutzte einfach die seltene Chance, einer so interessanten wie hochumstrittenen Person persönlich zu begegnen. Anfangs war es vor allem diese Inaugenscheinnahme, verbunden mit dem Wunsch, eine Art Mythos zu besichtigen, der mich in dieses Haus in Chiles Hauptstadt geführt hatte. Sie hingegen wird zumindest mit der Möglichkeit gerechnet haben, dass da ein westdeutscher Abgesandter der Politik und Hochfinanz mit einer klaren wie finsteren politisch-journalistischen Agenda ebendiese Person der Zeitgeschichte aufsucht – selbst wenn ihr unser gemeinsamer, in seinem Klassenstandpunkt unverdächtiger Bekannter versichert hatte, dass da ein »freundlicher Mensch« zu ihr käme. Schließlich war es ihr ja schon einige Male zuvor so ergangen.

Waren all das nicht absolute Unverträglichkeiten und denkbar schlechte Voraussetzungen für gute Gespräche? Dennoch habe ich nach unserem ersten Treffen gleich die nächste Einladung zu Kaffee und Gebäck erhalten und dankend angenommen, und sie begegnete mir stets freundlich, ja heiter und aufgeschlossen.

Margot Honecker empfand unsere Treffen ganz offenbar als anregend. Warum das so war? Ich weiß es nicht. Aber sind nicht in einem solchen Fall selbst die Vermutungen interessant?

Eine erste Vermutung: Margot Honecker hatte, wie erwähnt, durchaus Respekt vor Bildung, Wissenschaft und Forschung. Möglicherweise hatte sie darum den Eindruck, dieser Wissenschaftler aus der »BRD« biete aufgrund seines akademisch seriösen und vor allem auch im englischsprachigen Ausland erworbenen Profils eher als ein Journalist die Gewähr, gut zuhören und verstehen zu wollen und zu können, objektiv zu sein und fair zu urteilen. Sie sagte mir das auch gleich zu Anfang und ganz ohne Umschweife: »Wenn Sie ein Journalist wären und kein Wissenschaftler, dann hätte ich mich nie mit Ihnen getroffen.« An irgendwelche Autorisierungen von Interviews war ganz offensichtlich gar nicht zu denken. Und kamen wir in unseren Gesprächen ab und an auf Journalisten zu sprechen, verzog sie meist das Gesicht, als hätte sie plötzlich einen schlechten Geschmack im Mund.

Gemeldet hatte ich mich bei ihr, ohne vorab einen detaillierten Plan zu haben. Der gemeinsame Bekannte hatte erwähnt, dass er sie recht gut kenne und dass er sie öfter in ihrem chilenischen Exil kontaktiere. Er hatte mir ihre E-Mail-Adresse gegeben und sie darüber informiert, wer sich da melden werde. Und ich formulierte schließlich einfach einmal eine Gesprächsanfrage und klickte auf *Senden*.

Eine zweite Vermutung: Ein Gesprächspartner wie ich war nach ihrem Dafürhalten weder ein Feind, der sich unter Vorwänden einschlich, um dann ihr Vertrauen reißerisch zu missbrauchen und Bilder aus ihrer Wohnung an die Regenbogenpresse zu verkaufen, noch ein kritikloser Freund, der ohnehin alle ihre Überzeugungen teilte und immerfort bloß Jasager war. Ersteres glaubte Margot Honecker 2012 erlebt und erlitten zu haben, jedenfalls stellte sie es mir so dar: »Einer von uns«, damit meinte sie einen mit ihr befreundeten Journalisten und »Genossen«, sei mit einem Herrn bei ihr aufgetaucht, und der ihr unbekannte Mann habe ihr einige ungeschminkte Antworten entlockt – und sich erst danach als Mitarbeiter der ARD zu erkennen gegeben. Dieses legendäre und einzige ausgestrahlte Interview war Teil des Dokumentarfilms *Der Sturz – Honeckers Ende*, der mit beachtlichen 4,2 Millionen Zuschauern seinerzeit ordentlich Furore gemacht hatte[3] – auch aufgrund der Härte und Kälte, mit der Margot Honecker ganz wie eine »lila Hexe« (so wurde sie in der DDR wegen ihrer damaligen Haarfarbe gern genannt) über Mauertote (»Die brauchten ja nicht über die Mauer zu klettern«), Schießbefehl (diesen nannte sie eine bösartige West-Lüge, denn es habe nur Bestimmungen über den ordnungsgemäßen Waffengebrauch gegeben), in sogenannten »Werkhöfen« eingesperrte und misshandelte Jugendliche (»Banditen«) und anderes DDR-Unrecht gesprochen hatte. So redete man eben unter den Freunden und Gleichgesinnten, für die Öffentlichkeit hätte sie solche Äußerungen niemals autorisiert; aber der Interviewer hatte sich erst nachträglich als Feind entpuppt und seine Beute weidlich ausgeschlachtet.

Der wegen seiner zeitweisen Nähe zu den Nazis berühmt-berüchtigte Staatsrechtler Carl Schmitt hat geschrieben, politisch zu denken setze die Fähigkeit voraus, Freund und Feind unterscheiden zu können. Unter diesem Gesichtspunkt war Margot Honecker von sich als echtes politisches Naturtalent überzeugt, denn sie glaubte, alle Welt treffsicher in Freund und Feind einteilen zu können. Und sie ärgerte sich sehr darüber, dass dieser Instinkt sie bei jenem NDR-Journalisten im Stich gelassen zu haben schien. Er hatte es ihr aber auch schwergemacht, weil er ihrer Überzeugung nach heimlich von der Freund- in die Feind-Schublade gewechselt war. Ich passte anscheinend in keine der beiden Schubladen.

Vielleicht auch nur: zum Zeitpunkt unserer Bekanntschaft nicht. Denn so freundlich und ehrlich zugetan, wie sie sich immer wieder nach meiner Familie und besonders nach meinen Söhnen (»wie die Orgelpfeifen«, kommentierte sie etwa ein Handyfoto) oder unserer mitteldeutschen Heimat in der Altmark, also auf der aus ihrer Sicht richtigen Seite der Mauer, erkundigte, so kalt hätte sie unser aller Schicksal wohl gewiss gelassen, wären wir uns zu DDR-Zeiten begegnet und hätte sie mich damals als Klassenfeind betrachtet und bekämpfen lassen. Umgekehrt nehme ich ihr sofort folgende Aussage ab: »Ja, ich hatte immer eine sehr große Neigung, mit Kindern umzugehen. Das ist so geblieben, ein Leben lang. Deshalb war ich auch immer die beste Gespielin meiner Enkel.«[4] In unserem letzten Gespräch betonte sie, wie wichtig es für berufstätige Frauen sei, Eltern zu haben, die einem helfen können. Ich dachte mir: Die Jugendlichen in den Werkhöfen, die hatten weder Eltern noch Großeltern, die ihnen dort helfen und vor allem heraushelfen konnten.

Diese Janusgesichtigkeit zog sich durch alle unsere Gespräche: Mir war schnell klar, dass die Freundlichkeit einer älteren Dame eben nur eine Seite des Wesens von Margot Honecker gewesen ist. Eine zweite, die sich sofort und immer zeigte, sobald es um Geschichte, Politik und den gefestigten Klassenstandpunkt ging, war stählerne Härte (Stalin: »der Stählerne«), wozu Schwarz-Weiß- und Freund-Feind-Denken ebenso gehörten wie unbeirrtes Beharren auf der Richtigkeit der marxistisch-wissenschaftlichen Begründetheit des eigenen Tuns und Lassens. Das war die Margot Honecker, die nicht bereit und vielleicht nicht einmal fähig war, abweichende Meinungen zu erwägen und sich der Frage zu öffnen: Wäre es nicht auch anders gegangen? Gab es keinen anderen Weg?

Sie ließ sich nicht einmal auf den unter DDR-Nostalgikern beliebten Hermann-Kant-Duktus ein, der da lautet: Der Sozialismus ist eine großartige Idee, die nur leider manchmal schlecht umgesetzt wird; aber selbst wenn sie Fehler machen, meinen »unsere Menschen« es immer nur gut, und so ist die sozialistische Gesellschaft ein »Land des Lächelns« (so Marcel Reich-Ranicki einmal in einer Besprechung von Kants Roman *Die Aula*). Dass es eines mit Kerkermauern ist, hinter denen die »Feinde« stöhnen, bringt die Lächler nicht aus der Ruhe, weil sie wissen, dass die Feinde sich ja selber zuzuschreiben haben, was ihnen angetan wird. Denn »auch der Hass gegen die Niedrigkeit verzerrt die Züge«, wie Bertolt Brecht es in seinem Gedicht *An die Nachgeborenen* zu formulieren weiß. Nein, derlei Weichzeichnerei war Margot Honeckers Sache nicht. Das kann man Stärke nennen, es wirkte aber aus der Nähe auf mich viel mehr wie eine Verkürzung, wie eine Einschränkung, wie Schwäche eben.

Jedenfalls lagen viele ihrer Meinungen zur Tagespolitik und zu deren Akteuren weit außerhalb des Konsenses der Demokraten und des zivilisierten Umgangs miteinander. Davon wird im Buch noch ausführlich die

Rede sein. Als ich sie wiedertraf, lag auf ihrem Krankenbett aufgeschlagen die *Rote Fahne*, die Wochenzeitung der Marxistisch-Leninistischen Partei Deutschlands (MLPD), in der sie wahrscheinlich noch in dem Moment gelesen hatte, als ich klingelte. An ihren letzten Aufenthaltsort hatte sie außerdem Bücher zur Geschichte der Arbeiterbewegung, zur historischen Analyse der Sozialistengesetzgebung und zu derlei mehr mitgenommen. Wer in solch langen Zusammenhängen und Parteilinien denkt, dem stehen so viele historisch bedeutsame »Renegaten«, »Rechtsabweichler« und »Revisionisten« vor Augen, dass er auch über zeitgenössische »Wendehälse« und »Weichmacher« eher ungeduldig und ungnädig urteilt, mit Clara Zetkin'scher Schärfe sozusagen.

Gregor Gysi, so erklärte Margot Honecker in unserem letzten Gespräch, der sei von Anfang an »in Richtung Sozialdemokratie gefahren«, nachdem er in der DDR »als Rechtsanwalt brilliert« habe. Der sei dann politisch zur Wende »plötzlich aufgetaucht«. Sein Vater Klaus Gysi dagegen, Minister für Kultur und später Staatssekretär für Kirchenfragen, das sei noch ein »äußerst kluger, intelligenter Politiker« gewesen, und sie habe »fast freundschaftlich« mit ihm verkehrt. Egon Krenz und seine Genossen seien trotz der guten Vorarbeiten der Honeckers in den 1970er und 1980er Jahren letztlich gescheitert, weil sie nicht durch das Feuer des antifaschistischen Kampfes gehärtet worden seien. Es ging auch noch eine Stufe tiefer: Gorbatschow mit seiner schrecklichen Frau – »ein Konterrevolutionär«. Als ich einmal nachfragte, wie man denn mit Konterrevolutionären gemeinhin umzugehen habe, verschränkte nur die Arme und sagte »Tja«.

Und so ging das immer weiter: Der Biermann, mit dem habe sie nie was gehabt, obwohl ihr das ja immer wieder unterstellt worden sei. Als sie (Jahrgang 1927) ein junge Frau war, da sei der (Jahrgang 1936) ja noch »ein Knabe« gewesen, und selbst seine mit ihr befreundete Großmutter »Meume« sei damals mit ihr, Margot, über den später ausgebürgerten Filius einer Meinung gewesen: Der sei politisch »nicht ganz dicht«. Auch das Wort »plemplem« fiel in diesem Zusammenhang, was mir einmal mehr zeigte, dass Margot Honecker mit zunehmender Dauer unseres Dialogs immer weniger das Bedürfnis verspürte, ihre glasklare politische Haltung diplomatisch zu verpacken.

So auch bei einem aus ihrer Sicht ganz üblen Subjekt: Über Schabowski und seine katastrophale Pressekonferenz mit anschließender Maueröffnung und seine Anbiederei an den Klassenfeind bräuchten wir ja nun gar nicht zu reden. Zur Erläuterung: Günter Schabowski war für sie spätestens in dem Moment ein Hochverräter, als er sich am 17. Oktober 1989 im Politbüro als einer der Rädelsführer an einem Putsch gegen ihren Mann beteiligt habe. Ganz ohne vorherige Ansage. Und nach der Wende habe er nichts Eiligeres zu tun gehabt, als sich vom System der DDR vollumfänglich zu distanzieren. Zum Hintergrund: Schon im November 1990 erschien von ihm im »Westverlag« Rowohlt das Buch *Das Politbüro. Ende eines Mythos. Eine Befragung.*

Bereits im Klappentext bekennt das ehemalige Mitglied des Politbüros: »Am meisten bedrückt mich, daß ich ein verantwortlicher Vertreter eines Systems war, unter dem Menschen gelitten haben, daß Repressionen gegen einzelne Menschen gerichtet waren, die wegen ihrer oppositionellen Haltung verfolgt wurden. Ihre Einstellung war die richtige. Meine Einstellung war die falsche. Wir waren nicht demokratiefähig, sondern haben versucht, mangels besserer Argumente uns der anderen Meinung mittels direkter Gewalt zu entledigen.«

Wacker gesprochen, nur: Ein größerer Verrat war aus der Sicht von Margot Honecker kaum vorstellbar. Kurz: Mit Urteilen über Freund und Feind war diese Frau schnell und scharf, und sie geriet dabei zuweilen dermaßen in Fahrt, dass es sich anfühlte wie eine ganz eigenartige Mischung aus Geisterbahn und Revolutionstribunal, aus Fasching und Fallbeil.

Natürlich: Es war auch die Hoffnung gewesen auf solche ungeschminkten Eindrücke und Einschätzungen, die mich dazu bewegt hatte, Margot Honecker um ein Gespräch zu bitten. Ich bin als Historiker in England promoviert worden, einem Land, in dem die Autoren und Leser den biographischen und autobiographischen Zugang zur Geschichte besonders zu schätzen wissen.

Ich weiß darum recht gut um den Quellenwert persönlicher Erinnerungen, der seine Grenzen hat, aber eben doch auch seinen Wert. Wenn eine Persönlichkeit der Zeitgeschichte – und das war Margot Honecker zweifellos – noch lebt, dann winkt Erkenntnisgewinn, wenn sie ihre Sicht der Dinge schildert, und sei sie noch so einseitig. Eine solche Chance wird sich kein Historiker entgehen lassen. Erst recht, könnte man vermuten, kein deutscher Historiker.

Unser Land hat zwei Diktaturen erlebt und leidet bis heute darunter. Eine der wichtigsten Fragen wird immer lauten: Wie konnte das geschehen? Was trieb die Täter und Verantwortlichen an? Warum wurden, warum werden sie nicht irre an dem, was sie taten? Darüber wollte ich etwas erfahren. Ich erwartete, eine Ikone des ostdeutschen Stalinismus zu treffen – und Margot Honecker enttäuschte mich nicht, im Gegenteil: Sie war so unbeirrt, wie ich es über sie zuvor in den Medien gelesen hatte. Dabei begegnete ich ihr vielleicht deshalb unbefangener, ja womöglich aus ihrer Sicht naiv, weil ich als gebürtiger Westfale unter dieser Frau und ihrer Schulpolitik wie auch insgesamt unter dem Regime, für das sie stand, nie persönlich zu leiden gehabt habe. Ich sah sie durchaus kritisch, ja, aber ich hatte keine Rechnungen offen mit dieser Frau.

Das führt *zur dritten Vermutung*, warum Margot Honecker in unsere Gespräche eingewilligt hat: Die erste Frau der DDR wollte darstellen, warum sie gerade nicht am Sinn dessen zweifelte, was sie bis zum Ende des zweiten deutschen Staates geglaubt, gedacht und getan hat. Sie wollte das aber nicht aufbereitet wissen in Form einer wissenschaftlichen Arbeit. Zu der bisher einzigen ernstzunehmenden und durchaus nuancierten Biographie über ihr Leben von Ed Stuhler hatte sie wie stets jeden schriftlichen oder mündlichen Beitrag verweigert.[5] Sie wollte, was sie zu sagen hatte, vertrauensvoll aufgehoben wissen bei jemandem, den sie für wissenschaftlich geschult hielt und der davon zu ihren Lebzeiten keinerlei Gebrauch machen würde.

Sie mailte mir auch gleich nach unserem ersten Gespräch im Juli 2013, sie habe bei allem, »was die Veröffentlichung meiner Standpunkte betrifft, manches zu bedenken«. Das weckte in mir die Hoffnung, sie habe da noch manche Dokumente und Materialien, die sie mir irgendwann zugänglich machen könnte. Doch als ich sie an jenem 5. April 2016 fragte, sagte sie mir mit unbewegter Miene: »Das habe ich jetzt alles weggeschmissen.« Nicht ins Feuer, sondern in die Mülltonne. Auch eine Art des Umgangs mit der eigenen Geschichte!

Vielleicht, so *die vierte Vermutung*, ist alles viel einfacher, und mein Lehrer Richard Schröder hat Recht, wenn er Folgendes geltend macht: Die Leute hören sich sowieso gerne reden, und jemand, dem lange Jahre notgedrungen alle zuhören mussten, der redet umso lieber von sich und davon, wie er immer alles richtig gemacht hat und nur die Machenschaften von Feinden und Verrätern dann alles zerstört haben.

Das könnte auch bei Margot Honecker so gewesen sein. Sehr viel Selbstdistanz hatte sie nicht, das stimmt. Sie war aber keine Egomanin, die immer alles richtig gemacht zu haben glaubte, weil sie an so etwas wie Cäsarenwahn litt. Eher glaube ich, bei ihr eine Motivation nach dem Motto »Preußentum und Sozialismus« (Oswald Spengler) wahrgenommen zu haben. Sie war durchdrungen von preußischem Pflichtethos und sozialistischer Wissenschafts- und Plangläubigkeit. Sie wähnte sich und ihre Genossen im Besitz der wahren Erkenntnis des Geschichtsprozesses. Und sie hat sich wohl wirklich für eine getreue Dienerin des Volkes und der Geschichte gehalten. Ich nehme ihr auch ab, dass sie sich (und ihren Mann) nicht als Personen für wichtig erachtet hat, wohl aber als Personal, das für die historische Vervollkommnung des Sozialismus zum Wohle des »neuen Menschen« eben nötig war. Darum vielleicht diese eigentümliche, ja irritierende Mischung aus Bescheidenheit und unerbittlicher Gewissheit.

Manche sagen, die DDR habe deshalb so lange existiert, weil ihre Führung als kommunistisch-atheistische Elite aus Dachdeckergehilfen ohne Gesellenbrief (Erich Honecker), Möbeltischlern mit Gesellenbrief (Walter Ulbricht) und freischaffenden Polizistenmördern (Erich Mielke) weiterhin und unterbewusst nach preußisch-protestantischen Werten funktioniert habe, wie Lothar de Maizière diese historisch bemerkenswerte Mischung des DDR-Wertekanons in einem Interview einmal beschrieb. Margot Honecker war in ihrer ideologischen Verbohrtheit von genau dieser preußischen Disziplin.

Der Gast einer überzeugten DDR-Bürgerin im chilenischen Exil merkte schon beim Anbahnen des ersten Termins, dass Margot Honecker preußische Sekundärtugenden nicht nur schätzte, sondern auch von ihren Besuchern strikt einforderte: Sie berechnete bei meinem ersten Besuch 2013 meinen Weg vom Internationalen Flughafen der chilenischen Hauptstadt Santiago zu ihrer Wohnung in La Reina so genau, dass sie mir im Voraus per Mail mitteilte, warum meine logistische Planung zu knapp bemessen sei angesichts des örtlichen Berufsverkehrs.

Man merkte sofort: Die Frau hielt die Pünktlichkeit selbst in einem der besonders überlasteten Straßenverkehrsnetze Südamerikas hoch. Entsprechend exakt, ja feldmarschmäßig-preußisch waren ihre Anweisungen, wie der Taxifahrer zu ihrer Wohnung kommen sollte. Und mit Ausnahme des letzten Besuchs wartete sie stets bei offener Haustür quasi in Lauerstellung, während ich noch am Eingangstor der Wohnanlage dem Wachmann erläuterte, warum er mich durchlassen sollte. Die ordnungsliebende Hallenserin und ihr strenger Blick auf die Armbanduhr erinnerten mich auch an eine Werbekampagne des Landes Sachsen-Anhalt, aus dem sie kam und in das ich gezogen bin: »Wir stehen früher auf.« Als würdiger Vertreter dieses Bundeslandes war ich darum zumindest bei Terminen mit ihr stets überpünktlich.

Fünfte und letzte Vermutung: Vielleicht hatte sie auch einfach Heimweh nach Deutschland, und ich brachte in den Smog Santiago de Chiles ein wenig Heimatluft mit aus unseren Städten und Dörfern und Wäldern und Feldern. Es gefiel ihr sehr, dass ich mit meiner Familie im schönen Sachsen-Anhalt lebe, in einem 100-Seelen-Dorf nahe Stendal – kaum fiel der Name der Stadt, da hatte sie auch schon Termine parat, die sie dort als Ministerin absolviert hatte.

Sachsen-Anhalt als politische Einheit erkannte sie freilich nicht an, denn es war aus ihrer Sicht gewissermaßen ein konterrevolutionäres Konstrukt. Aber die DDR und die Stadt Stendal im Bezirk Magdeburg, die lebten in ihrem Gedächtnis fort, VEB Dauermilchwerke Stendal und VEB Stahlmöbel- und Wärmegerätewerk (STIMA) inklusive. Und, wer weiß, vielleicht war in diesem untergegangenen Land in ihrem Kopf auch längst das Kernkraftwerk Stendal ans Netz gegangen, das in unserer Wirklichkeit niemals den Betrieb aufnahm und in den neunziger Jahren größtenteils abgerissen wurde.

Meine Besuche waren eine wundersame Reise in dieses untergegangene Land, das in ihrem Kopf und in dieser Wohnung höchst lebendig war. So war auf dem Kühlschrank ihrer Tochter der Prospekt eines Pizzalieferservice mit zwei Magneten befestigt, die als Fahnen mit Hammer und Zirkel gestaltet waren. Daneben Magneten mit den Aufschriften »Cuba« und »Venezuela«, und einer gar mit dem Konterfei von Erich Honecker. Zum Lachen? Zum Weinen?

All das soll Margot Honecker keineswegs als Traumtänzerin hinstellen. Sie lebte sehr klar im Hier und Jetzt. Sie war genauestens unterrichtet über viele aktuelle politische Themen, und ihre Erinnerung an die DDR war nicht etwa nostalgisch oder im Stil der Magneten kitschig verklärt, keine Träumerei an chilenischen Kaminen und Kühlschränken sozusagen. Dennoch gerieten wir, wenn wir über die DDR sprachen, seltsamerweise auf eine andere Ebene, die mich zuweilen an verwunschene Reiche erinnerte, wie sie in den Märchen vorkommen, die wir meinen Söhnen vorlesen, Länder voller Feen, Elfen, und, nun ja, Hexen.

Wenn Margot Honecker von »meinem Land« sprach, erinnerte das fast an einen Satz aus dem *Froschkönig*, wo es heißt: »In den alten Zeiten, wo das Wünschen noch geholfen hat.« Oder, weniger verwunschen: Es klang bei ihr immer so, als wäre das historische Kapitel DDR nicht abgeschlossen, als schwebte der historische Prozess noch, als könnte die krisenhafte Entwicklung des Kapitalismus doch noch einmal einen Weg bahnen – wenn schon nicht zurück zu den alten Wimpeln und Blauhemden und Produktionsschlachten, dann doch wenigstens hin zu einer sozialistischen Gesellschaft wie derjenigen, in deren Namen zwischen Elbe und Neiße so gewütet worden ist.

Die DDR mitten in La Reina, in der Stadt einer Königin. Ein untergegangenes Land, genau wie das Land unserer Kindheit, aus dem wir zwar nicht vertrieben werden, in das wir aber auch niemals wieder zurückkehren können. Dieses eigenartige Land steckte Margot Honecker gewissermaßen im Körpergedächtnis, und es war in all ihrem Fühlen, Sinnen und Trachten so wirklich wie eine zweite Lebenswelt jenseits des Spiegels, durch den Alice ins Wunderland schreitet.

Interessanter als die fünf Vermutungen, warum sie mit mir sprach, bleibt die Art und Weise, wie sie das tat. Bedrückt? Keineswegs. Siegesgewiss? Das nun gerade auch nicht. In den für mich authentischsten Momenten wirkte sie beinahe wie in Selbsthypnose. So, als wäre alles gut im Arbeiter-und-Bauern-Staat.

Einen so lebhaften wie verstörenden Eindruck von dieser Art Selbstaufschwung bekommt, wer sich zum Beispiel die gelöste Margot Honecker in einem *Youtube*-Video zur Feier des 60. Jahrestages der DDR am 7. Oktober 2009 in Santiago anschaut, dominiert von Durchhalteparolen inmitten von chilenischen Genossen und in einem mit DDR-Fahnen geschmückten Raum: Margot

Honecker schwadroniert davon, dass es in der Bundesrepublik derzeit einen »Feldzug gegen die DDR« gebe. Der sei aber zum Scheitern verurteilt, denn die Hälfte der Leute im Osten sagten, es ginge ihnen im vereinten Deutschland heute schlechter im Vergleich zur »schönen Zeit (...) in unserer DDR«.[6]

Bei der Bundestagswahl habe sich die CDU einmal mehr als »Partei der Bourgeoisie« erwiesen, während Margot Honeckers Hoffnungen auf der DKP lägen. Und sie versteigt sich sogar dazu, zu behaupten, das verzerrte Bild vom Aufbau des Sozialismus rühre daher, dass sich die Medien »in den Händen derer, die die Macht haben« befänden – was man wie folgt übersetzen könnte: dass »das Rennpferd Sozialismus wie ein lahmendes Kamel aussieht, liegt nur daran, dass die Kamera nicht mir gehört«. Zugegeben: Im *Neuen Deutschland* und in der *Aktuellen Kamera* sah das Tier schöner aus. Aber wem gehörten denn die? Egal, die chilenischen Genossen auf *Youtube* klampfen auf der Gitarre und singen auf Deutsch *Auf, auf zum Kampf* und *Proletarier aller Länder*.

Heiter, ja aufgekratzt erschien Margot Honecker 2008 in Nicaragua, als sie vom Sandinistenführer und Staatspräsidenten Nicaraguas, Daniel Ortega, für ihren verstorbenen Mann in Managua einen Orden entgegennehmen durfte. Selig lächelnd reckt sie der Menge die geballte Faust entgegen – eine alte Sozialistin mit Perlenkette und schwarzem Top inmitten von Blumen, für die die vielleicht beste Zeit ihres Lebens so lebendig war, als wäre die DDR nie untergegangen. Sie umarmte den sozialistischen Waffenbruder und alten Kampfgefährten Ortega im weißen Oberhemd, ergriff aber nicht das Wort: das fehlende Spanisch! Und dennoch: Das untergegangene Land war in diesem Moment für sie wieder sehr lebendig.

Nicht nur für Margot Honecker ist jener für die einen abgeschaffte, für andere eher versunkene Staat noch so nah, das steht fest. Den Opfern des SED-Regimes und ihren Familien steckt die DDR erst recht in den Knochen – heute und auch in Zukunft. Aber vielleicht ist es selbst für diese Menschen, von denen ich ab 1992 seit meinem Studium in Leipzig genau wie heute in meiner neuen Heimat bei Stendal so manche kennengelernt habe, aufschlussreich, wie Margot Honecker die DDR gesehen hat und ihren eigenen Beitrag zu deren trauriger Wirklichkeit, die erst von der friedlichen Revolution 1989 beendet worden ist.

Heimat und Familie – das war neben der marxistischen Lehre und der Erinnerung an die DDR ein weiterer wichtiger Anker für Margot Honecker. Und ein ausgeprägtes Heimweh ist verständlich bei einem Menschen ihres Alters, der in einer fremdsprachigen, ungewohnten Umgebung lebt. Auf die Frage, was sie an Deutschland am meisten vermisse, sagte sie einmal, dass ihr der Wald und der Geruch von Pilzen fehlten. Das fand ich so eigentümlich wie anrührend, und es hat mich an Elias Canetti erinnert, der in seiner Studie *Masse und Macht* beschrieben hat, was der Wald den Deutschen als Ort der Heimat bedeutet. Canetti schrieb davon, wie der Wald als Rückzugsort Schutz biete. Vielleicht hat sie *Masse und Macht* auch irgendwann einmal gelesen? Sie las sehr viel auf Deutsch, und nur auf

Deutsch. Die deutsche Sprache war ihr Heimat, und Chile blieb ihr fremd.

Auch vertraute Menschen können Heimat sein. Hat sie solche in Chile gefunden? Nun, Margot Honecker war recht gut vernetzt im ehedem sozialistischen Land Salvador Allendes. In der Nähe ihrer alten Wohnsiedlung lebten zahlreiche ihrer »Genossen« aus der Kommunistischen Partei Chiles, wie etwa die mit ihr eng befreundete Witwe des 2010 verstorbenen KP-Führers Luis Corvalán. Auch mit ihm und seiner Frau traf sie sich gern zum Westkaffee. Aus dieser Gruppe bedingungslos Getreuer holten sie einige an den Wochenenden ab, besuchten sie, schnitten die Rosen in ihrem Garten und halfen der Familie bei vielen anderen praktischen Angelegenheiten des Alltags.

Mit Luis Corvalán hat sie seinerzeit ein Interviewbuch gemacht – von »Antifaschist zu Antifaschistin« (*Gespräche mit Margot Honecker über das andere Deutschland*, Berlin 2001). Den Namen des 1973 unter Pinochet auf der Isla Dawson internierten chilenischen KP-Führers kannte in der DDR in den siebziger Jahren jedes Kind – dank einer landesweiten Solidaritätsaktion für den Gefangenen, die am Ende auch Erfolg hatte. Er durfte 1977 ins Moskauer Exil ausreisen, was zur Umdichtung des bekannten Liedes *Was wollen wir trinken, sieben Tage lang?* durch die bereits erwähnte staatsnahe Band Oktoberklub führte: »Am Roten Platz steht Corvalán, auf unsere Sache stößt er mit uns an, wir trinken auf Luis Corvalán.«

Nun ja. Dieser Mann als ehemaliger Führer der chilenischen KP und seine Netzwerke waren es jedenfalls, die den Honeckers am Ende überhaupt das chilenische Exil ermöglichten. Das war kein Wunder, denn auch Corvalán galt wie Margot Honecker als stalinistischer Hardliner. Auch den Kontakt zur linksgerichteten, von 2006 bis 2010 und seit 2014 abermals amtierenden chilenischen Präsidenten Michelle Bachelet, die freilich weit moderater und wie die meisten Realpolitiker mit der Zeit in der Mitte der chilenischen Gesellschaft angekommen war, erwähnte sie mir gegenüber mit lobenden Worten.

Hierzu muss man wissen: Die chilenische Präsidentin, eine unter anderem in Ost-Berlin ausgebildete Medizinerin, ist die Tochter des chilenischen Luftwaffengenerals Alberto Bachelet, der zu den Getreuen des 1973 durch Putsch beseitigten sozialistischen Präsidenten Salvador Allende gehörte. Ihr Vater wurde danach vom Pinochet-Regime gefoltert, und das DDR-Regime bot Familie Bachelet sowie Tausenden anderen Exilchilenen in der DDR Asyl. Das hat man den Honeckers in Chile nie vergessen und ihnen darum umgekehrt nach 1990 eine zweite Heimat organisiert. Und für die kommunistischen Chilenen, die Margot Honecker besuchten und sie laut Angabe ihres Enkels auch mal zum Strand mitnahmen,[7] für die war die DDR eben kein repressiver Unrechtsstaat, sondern ein Sehnsuchts- und Zufluchtsort. Genau wie für Margot Honecker.

Familie ist die erste Heimat. Einer von Margot Honeckers ersten Sätzen und Glaubenssätzen lautete, dass man seine Familie genauso wenig im Stich lassen dürfe wie sein Land. Ihre Tochter und selbst deren seit 1992 geschiedener chilenischer Mann hätten sich, fand sie, selbstlos um sie gekümmert und ihre Pflege organisiert. Dennoch: Ihr Land, wenn auch untergegangen, war die DDR und nicht Chile. Darum traf sie gern einen Deutschen und unterhielt sich mit ihm. Aber Kooperation mit dem Klassenfeind? Das ging denn doch zu weit. Gleich nach einem guten ersten Gespräch in ihrem Haus, als ich ihr danach in meiner anfänglichen Naivität ein Buchprojekt vorschlug, mailte sie, wie immer zeitnah, zurück:

Gesendet: Samstag, 13. Juli 2013 um 22:50 Uhr
Von: Margot Feist
Betreff: Re: Antwort

Sehr geehrter Herr Nils Ole Oermann,

kann Ihre spontane Eingebung irgendwie nachvollziehen, muss Ihnen aber Nein sagen. Ich finde Ihre Art an die Dinge heranzugehen anregend, aber ich habe, was Veroeffentlichungen meiner Standpunkte betrifft manches zu bedenken. Tut mir leid Sie enttaeuschen zu muessen. Ich wuensche Ihnen gute Weiterreise, viele interessante Eindruecke.

Mit besten Gruessen
Margot Honecker

Natürlich habe ich sie gefragt, warum sie in ihrem Mail-Account unter ihrem Mädchennamen Feist firmiere und eine spanische E-Mail-Adresse benutze. Sie blieb mir eine klare Antwort schuldig, druckste herum und wechselte flink das Thema. Es schien ihr unangenehm, die eigene E-Mail-Adresse erklären zu sollen. Ich dachte mir: Wenn eine aufs Klingelschild nicht mehr den Namen schreiben kann, unter dem sie alle kennen, dann ist sie berühmt – oder berüchtigt.

Mit der Mail von »Margot Feist« hätte unser Dialog 2013 eigentlich abgeschlossen sein können, aber er war es nicht. Im Gegenteil, er wurde offener und intensiver, und schon war in unserer schriftlichen Kommunikation aus »Sehr geehrter Herr Nils Ole Oermann« plötzlich »Lieber Herr Oermann« geworden und aus »Mit besten Gruessen, Margot Honecker« »Herzlich, Margot Honecker«. Ich erwiderte diese Verbindlichkeit in unseren Mails, ohne dass mir das bei der alten Dame eigentümlich vorgekommen wäre. Bereits bei unserem ersten Gespräch im Juli 2013, mitten im chilenischen Winter, schienen wir einen Draht zueinander gefunden zu haben, obwohl wir uns völlig im Klaren waren, dass daraus keine freundschaftliche Beziehung werden konnte.

Denn während ich stets ihre kleinen und großen Grausamkeiten in der DDR im Hinterkopf hatte, wenn ich ihr gegenübersaß, wird sie immer auch daran gedacht haben, dass sie nicht – wie sonst wohl immer – einen Genossen vor sich hatte, sondern möglicherweise einen Abgesandten des Klassenfeindes.

2015 sprachen wir dann zweimal auf Grundlage ihrer Erfahrungen und des von ihr autorisierten Interviewbuches *Zur Volksbildung. Gespräch mit Frank Schumann* (Berlin 2012) über just dieses Thema und über ihre Einschätzung des Herbstes 1989. Auch bei unserem letzten Treffen 2016 griff sie das Thema noch einmal auf. Sie war sichtlich interessiert daran, sich mir mitzuteilen – und, das halte ich für wahrscheinlich, auf diese Weise durch mich weitere Menschen zu erreichen.

Der Wunsch wird mit diesem Buch wahr, auch wenn sie gewiss glaubte, mich stärker in ihrem Sinne beeinflussen zu können. Ein wissenschaftliches DDR-Handbuch oder ein systematischer Leitfaden durch das Politbüro oder durch die politische Biographie von Margot Honecker konnte und sollte dabei nicht entstehen – wie auch? Sie ließ sich auf das Gespräch ja nicht zuletzt deshalb und überhaupt nur ein, weil wir es ohne vereinbarten Fragenkatalog und ohne Beweisinteresse führten. Und weil sie den Luxus genoss, vom Hölzchen aufs Stöckchen zu kommen und Themen nach Belieben aufzugreifen und fallenzulassen.

Das verlangte wiederum mir einen Balanceakt ab: Einerseits wollte ich manches historisch vertiefen und musste nötigenfalls widersprechen. Andererseits wollte ich die Quelle, die sie als Zeitzeugin nun einmal bedeutete, nicht leichtfertig oder konfrontativ zum Versiegen bringen. So mäanderte unsere Unterhaltung oft, und ich konnte nicht so geordnet und forsch vorgehen, wie ich es mir manchmal gewünscht hätte.

Die Nachricht von ihrem Tod hörte ich am 6. Mai 2016 abends auf der Rückfahrt von Leipzig nach Stendal im Autoradio. Überrascht war ich nicht, denn ich wusste ja bereits seit einem Monat, dass sie nicht mehr lange zu leben hatte. Und doch traf es mich, als ich die Nachricht vom Tod meiner mir mittlerweile auf eigentümliche Weise vertrauten Gesprächspartnerin hörte. Vieles ging ganz ungeordnet durch meinen Kopf. Erst daheim kam ich dazu, darüber nachzudenken, was Margot Honecker für mich bedeutete. Jemand war tot, dem ich ziemlich viel Zeit und Aufmerksamkeit gewidmet hatte und den ich noch besser hätte kennenlernen wollen. Wäre mir das gelungen? Hatten wir nicht oft genug auf der Stelle getreten oder uns im Kreis bewegt?

Die Todesnachricht war in unserem Dorf Thema Nummer eins. Die als DDR-Bürger aufgewachsenen Nachbarn erinnerten sich mit wohligem Gruseln an die Honeckers und klopften ein paar despektierliche Sprüche, die einen Hauch zu großspurig ausfielen und dadurch etwas von der Furcht verrieten, die ihnen Margot Honecker und ihr System damals eingeflößt hatten.

Am Stammtisch im Nachbardorf kam ich über meinem Colbitzer Pilsner unwillkürlich ins Grübeln – was wusste, was hielt ich eigentlich von ihr? Ich kannte mittlerweile sehr unterschiedliche Bilder und Facetten der »meistgehassten Frau der DDR«: Für die DDR-Propaganda war sie immerfort nur die aufopferungsvoll dem Volk dienende »Genossin Minister« gewesen, für die friedlichen Revolutionäre die unerbittliche Kinderquälerin, und manche Zeitungen mit großen Buchstaben hatten sie als Lila Eminenz des Politbüros und reuelose Rentenschnorrerin hingestellt. War das nicht alles zu einfach und mit viel zu großem Pinsel gemalt, waren das nicht bloß überlebensgroße Projektionen und Stereotype? War die wirkliche Margot Honecker nicht viel kleiner, war sie nicht manchmal komplexer, manchmal banaler, war sie nicht menschlicher, und war sie nicht in ihrer selbstgewissen Uneinsichtigkeit eher ärgerlich als monströs? Und: Würde der Stammtisch das womöglich eher bedauern als gut finden?

Ich beschloss, meine Begegnungen mit Margot Honecker zu Papier zu bringen. Nicht, um sie posthum zu verurteilen, schon gar nicht, um sie zu verklären. Es war etwas anderes, was mich vielleicht von Anfang an zu diesen Treffen motiviert hatte. Meine Gespräche mit Margot Honecker haben mir eindrücklich vor Augen geführt, was es bedeutet, wenn jemand einer Ideologie – und die muss nicht Sozialismus heißen – anhängt: die absolute Gewissheit, erkannt zu haben, was richtig ist, die Ausblendung von Fakten, die nicht ins eigene Weltbild passen, die Verachtung Andersdenkender, die Gleichgültigkeit gegenüber dem einzelnen Leben im Vergleich zum großen Ganzen. Dann können Grausamkeit und Kälte plötzlich direkt um die Ecke von Liebenswürdigkeit und Solidarität wohnen. Vielleicht sind das gerade in den heutigen Zeiten keine unwichtigen Einsichten.

Im Café Atlantis

Es gibt, soweit ich sehe, noch keine vergleichende wissenschaftliche Studie zum Thema »Sozialistische Potentaten und ihre Frauen«. Wer dazu recherchiert, stößt gewiss auf so manchen Politiker aus dem Bekanntenkreis von Margot Honecker. Ein spezielles Kapitel der Studie sollte den Residenzen gewidmet sein, die sich diese Brüder errichten ließen, als Paläste der brüderlichen Gleichheit gewissermaßen. Und nach 25 Jahren als Ministerin eines sozialistischen Arbeiter-und-Bauern-Staates hat sie viele solcher Herren – und meistens sind es Herren – kommen und gehen sehen. Der ehemalige namibische Präsident Sam Nujoma beispielsweise hat Margot Honecker 2005 zum 15. Jahrestag der namibischen Unabhängigkeit zu sich in die erste Reihe eingeladen. Hochgezogen haben das 2002 von ihm veranlasste State House in Windhoek nordkoreanische Arbeiter – so blieb das viele Baugeld in der Familie, bei einem sozialistischen Brudervolk oder doch zumindest bei dessen politischer Führung.

Auch die Eheleute Ceauşescu haben sich in den achtziger Jahren einen Parlamentspalast errichten lassen. Er fiel umgekehrt proportional zum Grad an Demokratie und zur wirtschaftlichen Leistungskraft Rumäniens aus und wurde der Fläche nach eines der größten Gebäude der Welt. Und selbst eine Witwe wie Suha at-Tawil, ehedem Gattin von Jassir Arafat, residierte immer in der 5-Sterne-Zone.

Wer einmal die »Waldsiedlung« in Wandlitz besucht hat, in der die Führungsriege der DDR untergebracht war, dem ist eine sehr viel weniger mondäne Lebensweise begegnet: bürgerlich, ja fast kleinbürgerlich ging es in den Häuschen dort zu. Geländewagen aus dem Westen für die Jagd, Westkaffee und ein paar weitere Annehmlichkeiten vom Klassenfeind, die gab es immerhin für die Wandlitzer Elite. Aber das war es auch schon, was die Wohn- und Lebensverhältnisse anbelangte. Umso mehr hoben sich davon die wenigen Ausnahmen ab, etwa Alexander Schalck-Golodkowskis Villa in Rottach-Egern am Tegernsee. Oder der große Fuß, auf dem der im April 1990 verstorbene ehemalige SED-Chefagitator und Volkskammerpräsident Horst Sindermann (im Übrigen der Erfinder des Begriffs »antifaschistischer Schutzwall«) oder der legendäre SED-Bezirkschef Hans Albrecht im »roten Suhl« wie Fürsten lebten, die beide wegen ihrer massiven Korruption schon zu DDR-Zeiten und noch von den eigenen Weggefährten juristisch verfolgt wurden, und nicht etwa von einer westlichen »Siegerjustiz«.[8]

Obwohl es also für die DDR-Elite bis 1989 vergleichsweise wenig Luxus, geschweige denn ein Leben in Saus und Braus gegeben hat, ist später eifrig spekuliert worden, ob da nicht doch die eine oder andere Million beiseitegeschafft worden war. Hatte nicht laut Bundesanstalt für vereinigungsbedingte Sonderaufgaben »die rote Fini«, Rudolfine Steindling, von Wien aus mit der Ost-Berliner Firma Novum SED-Millionen ins »nicht-sozialistische Ausland« geschafft?[9] Und musste in diesem Fall nicht wenigstens bei Leuten wie den Honeckers etwas hängengeblieben sein? Oder aus Schalck-Golodkowskis »KoKo«-Imperium (das unter dem Namen Kommerzielle Koordinierung den Ausverkauf der DDR betrieb, um sie zahlungsfähig zu erhalten) ein paar wertvolle Kunstgegenstände und Antiquitäten?

Diesen Eindruck hatte ich bei meinen Besuchen bei Margot Honecker nicht, eher im Gegenteil. Erich Honeckers Leibwächter Bernd Brückner schreibt in seinen Erinnerungen an einer Stelle den bemerkenswerten Satz: »Honecker war ein ganz normaler Mensch, wie eben die DDR ein ganz normaler Staat war.«[10]

Natürlich, so mag man einwenden, ist ein Staat, der seine Bürger aus politischen Gründen einsperrt oder gar auf sie schießt, kein »normaler Staat«. Aber das ist es ja nicht, was der Leibwächter mit diesem Satz zum Ausdruck bringen will. Er will sagen, dass die DDR letztlich das war, was auch manche Amerikaner über die gesichtslosen Vororte ihrer Großstädte sagen: »*Painfully, painfully normal.*«

Das deckt sich mit einer der ganz wenigen Erwähnungen von Margot Honecker in den Memoiren von Alexander Schalck-Golodkowski. Er weiß lediglich zu berichten, dass Margot Honecker ihre Garderobe im *Exquisit* nähen ließ. Sie griff zwar auch auf Westprodukte zurück, vermied aber bewusst Marken aus der Bundesrepublik: »Deshalb wurde von einem Bleyle-Pullover schon mal das Schildchen entfernt und ein unauffälliges österreichisches Etikett eingenäht.«[11] Klingt vielleicht lächerlich, aber in jedem Fall nicht nach exzessivem Konsum im Stile einer Diktatorengattin mit Schweizer Nummernkonto.

In Margot Honeckers Fall trifft nach meinem Eindruck eher das Gegenteil zu: Statt des ihr von Erich Mielke angedienten Volvos fuhr sie einen kleinen Citroën.[12] Sie setzte auch durch, dass vor ihrem Haus Nr. 11 in Wandlitz gegen die Regel der Sicherheitsleute ihr Privat-Wartburg vor der Tür stand, da doch alle DDR-Bürger, so sie nicht das Extra-Glück hatten, zum Auto auch noch eine der begehrten Garagen zu ergattern, ihr Gefährt eben vors Haus stellten. »Alles in allem also eine ganz normale Familie«, wie Bernd Brückner resümiert.

Zwar nicht politisch, aber doch hinsichtlich des Lebensstandards deckt sich dies auch mit meinen Beobachtungen in Chile. Beginnen wir mit ihrer Rentenhöhe. Ich fragte danach, weil sie sich in ihrem ARD-Interview (2012) sichtlich erbost über die Höhe ihrer Rente beschwert hatte, die über 1500 Euro betrug und sich aus ihrer Witwen- und ihrer Ministerinnenrente zusammensetzte. Die Renten »systemnaher« DDR-Funktionäre wurden von Gesetzes wegen gekürzt, um DDR-Selbstbedienungseffekte abzumildern. Sie sagte mir mit Verweis darauf, dass sie damit als Auslandsdeutsche besteuert würde, dies sei doch »auf Deutsch gesagt ein Beschiss. (...) Ich muss jedes Jahr meine Steuern bezahlen. (...) Aber ich komm so hin.«

Man könnte nun meinen, besteuert werden auch andere Rentner, und 1500 Euro seien doch ein recht hübsches Sümmchen, noch dazu mit ihrer Kaufkraft in

Chile und Monat für Monat pflichtschuldig überwiesen von der gesetzlichen Rentenversicherung der Bundesrepublik Deutschland.

Margot Honecker sah das völlig anders: »Beschämend« sei das, vor allem angesichts der Tatsache, dass sie seit 1963 ohne Unterbrechung 25 Jahre Ministerin für Volksbildung gewesen sei und eben nicht nur die Frau Erich Honeckers oder eine First Lady wie etwa Raissa Gorbatschowa, die sich übrigens schamlos vom Staat und von ihrem Mann habe aushalten lassen und bei jedem Berlinbesuch als Erstes die Boutiquen und Luxusläden im Westen der Stadt leer gekauft habe.

Sie hingegen sei eine gestandene Berufspolitikerin mit eigener Lebensleistung, die darum neumodische Ideen von Emanzipation und Feminismus gar nicht brauche, weil sie wie alle berufstätigen Frauen in der DDR spätestens seit den 1950ern emanzipiert gewesen sei. So sah sie sich, und dieses Bild der professional woman in her own right hat sie in unseren Gesprächen durchaus glaubwürdig verkörpert.

Wirklich kontrovers wurde es einmal zwischen uns bei der von ihr monierten Rentenhöhe: Ich sagte ihr, dass es aus Sicht eines Demokraten schon erstaunlich sei, dass ein und dieselbe Person zweieinhalb Jahrzehnte dasselbe Ministeramt bekleide, aber wenn man das einmal beiseitelasse, dann gelte es hier noch zweierlei zu bedenken: Zum einen seien 1500 Euro Rente deutlich mehr als die derzeitige Durchschnittsrente in Deutschland. Und eingedenk der Tatsache, dass ein Minister in der DDR im Jahr 1989 um die 60000 Mark der DDR brutto pro Jahr verdiente, also rund 5000 Mark der DDR pro Monat, seien 1500 Euro bei einer aktuellen Pensionshöhe von ca. 70 % des letzten Nettogehaltes und der Währungsumrechung sogar überdurchschnittlich. Dabei war die Rentenempfängerin nicht einmal Beamtin, die es in der DDR nicht gab, sondern Angestellte, was einen Rentensatz von nur 50 % des letzten Nettogehalts ergeben hätte. Selbst bei jetziger Umrechnung in Euro seien 1500 Euro Rente, gemessen an DDR-Standards, also mit Fug und Recht als »großzügig« zu bezeichnen.

Ihre Antwort: Unsinn, als langjährige Ministerin habe sie Anspruch auf einen ihren westlichen Ministerkollegen vergleichbaren Satz, und eine solche »Strafrente« sei im Vergleich zu den bundesrepublikanischen Ministerpensionen von 5000 Euro und mehr »unverschämt niedrig«. Selbst in arithmetischer Hinsicht blieb sie unbeirrbar. Rechnen war im Übrigen das Fach, das ihr als Schülerin gar nicht gelegen hat.

Nun gut, antwortete ich, ich sähe das mit Blick auf die durchschnittliche Rentenhöhe in Deutschland ganz anders, aber ich könne mir natürlich erklären, warum sich der Sachverhalt aus ihrer Sicht so darstelle, wie sie ihn beschrieb.

Doch dann gab ich ihr zum Schluss noch Folgendes zu bedenken: Stellen wir uns einmal vor, die Geschichte wäre anders verlaufen, und ein westdeutscher Spitzenpolitiker wäre mit einer der ihren vergleichbaren Karriere 1989 unfreiwillig in die DDR überführt worden. Welches wäre aus ihrer Sicht die wahrscheinlichere Variante: dass man ihm eine auf 1500 Mark der DDR reduzierte Ministerrente zugebilligt hätte oder dass

man ihn direkt in die Haftanstalt Berlin-Hohenschönhausen als politischen Gefangenen überstellt hätte?
Stille. Danach haben wir nie wieder über Fragen wie
»Strafrenten« und »Siegerjustiz« gesprochen, weil klar
war: Da kamen wir nicht zueinander. Und überhaupt:
Neben das Ende des Prozesses gegen Erich Honecker
und seine ungehinderte Ausreise ließe sich durchaus
die Regieanweisung schreiben: »lächelnd ab«.

Der Rechtsstaat hatte sich den Honeckers gegenüber
nicht nur legal, sondern geradezu großzügig verhal-
ten, wie ich fand. Einschlägige Experten, wie etwa der
Direktor der Gedenkstätte Berlin-Hohenschönhausen
Hubertus Knabe, kritisierten den bundesdeutschen
Gesetzgeber hart für das 2001 in Kraft getretene 2. An-
spruchs- und Anwartschaftsüberführungs-Änderungs-
gesetz (2. AAÜG-ÄndG) und die beschlossene Aufhe-
bung der Rentenbegrenzung für die Facheliten der DDR.
So habe allein diese Entscheidung den Steuerzahler
in West wie Ost insgesamt 435 Millionen D-Mark an
Nachzahlungen und 165 Millionen D-Mark an jährlichen
Mehrbelastungen gekostet – und ganz nebenbei Margot Honecker eine Nachzahlung von 45 000 D-Mark und
eine Rentenerhöhung von 400 D-Mark pro Monat be-
schert.[13] Unverschämt wenig oder unverschämt viel?

So viel an dieser Stelle zum laufenden Einkommen
im Hause Honecker. Wie aber war es mit womöglich
versteckten Reichtümern, dem »Honecker-Schatz«, von
dem die *Bild* wissen wollte? Hatten die Honeckers es
vielleicht doch geschafft – ähnlich wie der verstorbene
Alexander Schalck-Golodkowski durch seine bis heute
kaum zu entwirrenden Netzwerke –, die Hände in den

an ihnen bis Oktober 1989 wenig transparent vorbei-
fließenden Devisenstrom zu halten und für sich genug
abzuschöpfen, um bis zum Ende ihrer Tage bequem leben zu können?

Auch hier hatte ich den klaren Eindruck, dass
Margot Honecker keine Frau war, die ihrer einzigen
Tochter Sonja, bei der sie die letzten Wochen ihres Lebens verbrachte, viel zu vererben gehabt hätte – und
zwar aufgrund zweier Beobachtungen: Zum einen
klagte Margot Honecker bis 1999 und im Ergebnis erfolglos bis zum Bundesgerichtshof auf Rückgabe ihres in der Bundesrepublik konfiszierten Vermögens in
Höhe von erstaunlich wenigen 235 000 DDR-Mark (entspricht ca. 60 000 Euro). Im Vergleich dazu hatte etwa die
Witwe eines einfachen SED-Bezirkschefs wie Bernhard
Quandt (1903–1999) in Mecklenburg der Partei *Die Linke*
immerhin noch ca. 280 000 Euro zu vererben. Quandt,
diese eine Bemerkung am Rande, war bis ins hohe Alter
stolz auf seine Dienstwaffe, die er nach eigener Angabe
tatsächlich »im Kampf gegen Konterrevolutionäre«
eingesetzt hatte. Auch Margot Honecker führte, glaubt
man ihrem langjährigen und mittlerweile verstorbenen Kraftfahrer Georg »Schorsch« Melzer, eine kleine
verchromte Pistole der Marke *Browning* in ihrer Handtasche mit sich, wenn sie – was öfter vorgekommen sein
soll – ohne Bodyguards in Ost-Berlin unterwegs war.[14]

Es werden vor allem die im Vergleich zur Witwe eines
regionalen Parteisekretärs wie Bernhard Quandt nicht
gerade üppigen Vermögensverhältnisse gewesen sein,
Margot Honecker von Chile aus und ihre Anwälte
vergleichsweise überschaubares Geld streiten lie-

ßen. Es ging ihr aber wohl auch ums Prinzip. Sie wa
einfach nicht bereit, dem Klassenfeind 60 000 Euro zu
überlassen. Sie kämpfte gewiss nicht aus in erster Linie
materiellen Gründen über Jahre um die Summe.

Ein zweites Indiz, das gegen verborgene Schätze
spricht: Margot Honecker redete oft und gern über Geld-
fragen und die Kosten der Lebenshaltung. Vielleicht
hatte das biographische Gründe: Sie war armer Leute
Kind. Geboren am 17. April 1927 in Halle als Tochter des
kommunistischen und gewerkschaftlich engagierten
Schuhmachers und späteren KZ-Häftlings Gotthardt
Feist, verlor sie mit 13 Jahren ihre Mutter Helene, und
sie und ihr Bruder Manfred haben als Halbwaisen wohl
nicht selten von der Hand in den Mund leben müssen.
Margot Honecker wusste, was Hunger bedeutet, und
sie sprach deshalb auch gern übers Essen und achtete
zum Beispiel darauf, dass ich das mir gereichte Gebäck
auch brav aß, damit nichts »umkommt«. Ich kam mir
ein wenig vor wie im Direktorenzimmer in der Grund-
schule, allerdings nicht mit der Direktorin, sondern mit
der Sportlehrerin, da meine Gastgeberin mir erzählte,
dass sie sich viel bewegte, Sport treibe, jeden Tag Spaziergänge diszipliniert absolviere und auf ihre Ernäh-
rung achte – und dabei keinen einzigen Keks anrührte,
während ich dreimal nachfassen sollte.

Die von ihr angestoßenen Gespräche über Geld setzten meist bei ihrer Beobachtung an, wie kostspielig
das Leben in Chile im Allgemeinen und das chilenische Gesundheitssystem im Besonderen doch seien.
Die (im Vergleich zu Deutschland äußerst gering ver-
dienenden) chilenischen Hausangestellten bzw. Kran-

kenschwestern müssten finanziert werden, und alles würde teurer. Mein Gedanke dabei: Über solche oft wiederholten Betrachtungen hätten wohl der durchschnittliche DDR-Rentner und der durchschnittliche chilenische Arbeiter miteinander nur mit dem Kopf schütteln können.

Ein drittes Indiz dafür, dass Margot Honecker mit ihrem Geld haushalten musste: Als sie mir 2015 zum ersten Mal von ihrer Brustkrebserkrankung erzählte, stellte ich ihr die Frage, wie sie in einem Land mit sehr weitgehend privatisiertem Gesundheitswesen und so teuren wie für ihre Qualität in ganz Südamerika bekannten Santiagoer Hospitälern wie der *Clinica Alemana* oder der *Clinica Las Condes*, in der auch ihr Mann behandelt worden war, wie sie dort die exorbitant hohen Operations- und Behandlungskosten aufbringe. Ich unterstellte dabei unwillkürlich, sie nehme das private Gesundheitswesen in Anspruch. Darauf wich sie aus und verwies nebulös auf eine ihr angebotene Therapiemöglichkeit in Kuba, wollte sich dazu aber auch auf Nachfrage nicht näher einlassen.

Erst in unserem letzten Gespräch gewann ich Klarheit. Margot Honecker hat, als bei ihr die Krebserkrankung zurückkehrte und sich immer mehr Metastasen bildeten, die Kosten der Behandlung im Vergleich zu einer stationären Behandlung dadurch gesenkt, dass sie ihr Morphin und weitere Medikamente im Rahmen der medizinischen Grundversorgung über ein staatliches Programm für gesetzlich Versicherte bezog und eben nicht über eine private Versicherung. Und sie räumte mir gegenüber schließlich ein, dass sie im Übrigen überall dort, wo es möglich sei, auf das staatliche Gesundheitssystem zurückgreifen müsse, das viel bescheidenere Leistungen biete, das dafür aber auch viel weniger koste als die Privatkliniken und das sie durchaus lobte dafür, wie viel es ihr immerhin in dieser für sie schwierigen Situation am Ende ihres Lebens ermögliche.

Das ist ein starkes Indiz dafür, dass Margot Honecker an ihrem Lebensende keine hohen Summen zur Verfügung hatte. Andernfalls hätte sie bestimmt die private chilenische Gesundheitsversorgung auf hohem westlichen Standard in Anspruch genommen.

Chile, urteilte sie, habe sich im Gesundheitssystem wie überall an dem übelsten neoliberalen Kapitalismus amerikanischer Prägung orientiert. Deshalb bezeichnete sie in anderen Momenten das Gesundheitswesen als »schrecklich«, genau wie das Bildungswesen. Chile sei »eines der kapitalistisch gut entwickelten Länder in der Region, aber alles liegt am Boden«. Öffentlich hat sie sich freilich niemals zu den politischen Verhältnissen in ihrem Gastgeberland geäußert – wie das von einer Exilantin erwartet wurde, woran sich Margot Honecker nach eigener Angabe bei aller Sympathie für Michelle Bachelet auch bewusst hielt.

Erstaunlich oft kamen wir aufs liebe Geld zu sprechen: Ihr abbezahltes Eigentum in La Reina habe in den vergangenen Jahren deutlich an Wert gewonnen (laut meinem Santiagoer Kontakt: von ca. 100 000 US-Dollar vor zwanzig Jahren auf heute mindestens 500 000 US-Dollar). Das Haus könne man darum jetzt, da sie bei ihrer Tochter eingezogen sei, leicht und solide vermieten.

Auch dieser Wunsch nach einem Mieter zur Finanzierung der eigenen Pflege und zur Unterstützung ihrer Angehörigen klingt nicht nach üppiger Finanzausstattung und beiseitegeschafftem Geld aus Diktaturzeiten.

So löste sich durch persönlichen Besuch, unsere Gespräche und den Augenschein für mich zumindest dieses Rätsel: Es darf als wenig wahrscheinlich gelten, dass sich die Rentnerin Margot Honecker nach Verlust aller DDR-Privilegien große Reichtümer ins Exil gerettet hat. Damit ist sie tatsächlich unter den Diktatorenfamilien dieser Welt, die mit dem Leben davonkamen, die große Ausnahme: überschaubare Renteneinkünfte, gesetzlich versichert. Und ihre Verachtung für das System, das Monat für Monat ihre Rente überwies, saß sehr tief.

Biographie einer Deutschen

Sie, für die Chile das Exil war, lebte täglich und buchstäblich so, wie es dem Wortsinn des lateinischen *exilium* entspricht: »in der Fremde weilend, verbannt«. Im Exil ist einer, der unfreiwillig, aufgrund von Verfolgung oder Verbannung, in seiner eigenen Heimat nicht mehr leben kann. Das traf auf Margot Honecker zu. Wäre sie etwa zu ihren deutschen Verwandten oder für eine medizinische Behandlung nicht nach Havanna, sondern nach Frankfurt geflogen, dann hätte es ihr trotz eingestellter Verfahren bei weiteren Anzeigen zumindest potenziell passieren können, schon allein wegen ihrer möglichen Mitschuld an ungezählten Willkürmaßnahmen und Misshandlungen in der DDR, gleich am Flughafen auf deutschem Boden doch noch festgenommen zu werden.

Dieses mutmaßliche oder tatsächliche Bedrohtsein von Strafe wurde ein letztes Mal zum Thema, als ich sie nach ihrem Verhältnis zu ihrem Bruder Manfred Feist fragte. Mir unterlief ein Fauxpas, der etwas in unseren Gesprächen sehr Seltenes auslöste: Margot Honecker zeigte echte, tiefe Gefühle. Ich fragte sie nämlich, wie es ihrem Bruder Manfred in Deutschland ginge – nicht ahnend, dass er bereits 2012 nach langer Krankheit in

Berlin verstorben war. Sie schluckte und zeigte einen Grad von Betroffenheit, den ich nur dies eine Mal bei ihr erlebt habe. Er sei leider schon tot, und sie habe bei der Beerdigung nicht dabei sein können. Das schmerzte sie offenbar sehr. Später erfuhr ich, dass sie zu der Beerdigung einen Kranz mit weißer Schleife und der Aufschrift »Margot« gesandt haben soll.

Manfred Feist war wie sie ein Kommunist der ersten Stunde. Auch er war im Staatsapparat der DDR tätig – als Leiter der Abteilung »Auslandsinformation« im Zentralkomitee der SED. Margot Honecker stand er als ihr einziger Bruder seit den gemeinsamen schweren Kindertagen in Halle und später in Schlesien besonders nahe, auch weil sie ihn mit großziehen musste. Er war es auch, mit dem sie auf dem Weg von Schlesien zurück in die Heimatstadt Halle durch das komplett in Schutt und Asche liegende Dresden zog. Beim Anblick der vollkommen zerstörten Stadt an der Elbe habe sie geweint. Schon aufgrund all dieser gemeinsamen Erfahrungen fühlte sie sich Manfred in besonderem Maße eng verbunden.[15]

Bevor ich im Einzelnen über ihre Biographie und weiteres aus unseren Gesprächen berichte, möchte ich noch einen wieder notwendig subjektiven Eindruck davon geben, wie Margot Honecker zu der Persönlichkeit geworden sein mag, der ich begegnet bin. Ihre Härte, ja Unerbittlichkeit im politischen Urteil und ihre Reuelosigkeit beim Blick zurück auf das eigene Tun und Lassen habe ich schon erwähnt.

Aber: Wie wird man so? Wer, mit Brecht gesprochen, schlug da so auf sie ein? Welche Prägungen und sehr langen Linien der deutschen Geschichte, preußisch-protestantische zum Beispiel oder auch sowjetisch-stalinistische, haben mitgewirkt an diesem Charakter? Wie war das politische System der DDR beschaffen, dass es solches Führungspersonal hervorbrachte wie die Eheleute Honecker?

Im Stile der letzten Frage hätte der Soziologe Max Weber angesetzt, der politisch-systemisches Handeln auf das Handeln von Personen und Personentypen wie etwa den des Gesinnungsethikers und den des Verantwortungsethikers zurückgeführt wissen wollte. Der klassische Gesinnungsethiker ist dabei für Weber der Heilige, der nur seinem Gewissen folgt und notfalls für seine Gesinnungen und Überzeugung kompromisslos sein Leben opfert, während der klassische Verantwortungsethiker der pragmatische Berufspolitiker ist, der um der Sache willen seine persönlichen Überzeugungen zurückzustellen vermag. Darum schreibt man auch Biographien über Politiker, um damit immer auch ein Stück der Systeme, die sie selbst prägten und von denen sie selbst geprägt wurden, besser zu verstehen.

Aber was war Margot Honecker? Eine kommunistische Heilige, die ins Exil ging, oder eher die pragmatische Berufspolitikerin? Nun, je nach Lage beides, ein Hybrid, aber mit klarem Hang zur Gesinnungs- und Überzeugungstäterin. Mit Max Weber gefragt, wäre jedoch die wirklich spannende Frage diese gewesen: Wie viel individuelle Zutat führte dazu, die »meistgehasste Frau der DDR« zu werden, wie *Die Welt* am 16. April 2007 einen Artikel zu ihrem 80. Geburtstag überschrieb, und wie viel trugen die allgemein herrschenden Verhältnisse dazu bei?

Für die folgenden biographischen Informationen greife ich im Wesentlichen auf das bereits erwähnte und als einziges historisch solide recherchierte biographische Werk zu ihrer Person von Ed Stuhler zurück (*Margot Honecker. Eine Biografie*). So habe ich Margot Honecker nur jene Fragen zu ihrem Lebensweg direkt gestellt, die bei Stuhler offenbleiben mussten, weil sie ihm nur Margot Honecker selber hätte beantworten können. Doch dazu später.

Von ihrer Kindheit als Halbwaise im kommunistischen Untergrund war bereits die Rede. Wenn man über die protestantisch-preußische Linie der deutschen Geschichte nachdenkt, fällt auf, dass die Jungkommunistin Margot Feist 1927 getauft und am 31. März 1941 in einem dunkelblauen Seidenkleid konfirmiert wurde.[16] Interessant darum, weil sie später zu einer der entschiedensten Gegnerinnen des Nebeneinanders von Jugendweihe und Konfirmation werden sollte. Und auch ihre Kleiderordnung passte sich ihren Überzeugungen an.

Zur Abschlussprüfung an der Schule trägt sie roten Taft. Ausgerechnet vom Dach eines Leuchtturms der christlichen Diakonie, der weltberühmten Franckeschen Stiftungen in Halle, schießt der von ihr als pädagogisches Rollenmodell verehrte Lehrer Ahrends das Foto der Abschlussklasse. Auch wenn die Feists mit im Alltag praktiziertem christlichen Glauben schon aus politischen Gründen nichts anfangen konnten, so war ihnen doch kirchliches Leben in ihrer Umgebung nicht fremd. Nicht im Sinne einer kirchlichen Sozialisierung, aber man nahm Kirche jeden Tag wahr.

Ja, mehr noch: Man nahm, anders als in einem kommunistischen Umfeld üblich, an christlichen Riten und Feiern wie Taufe oder Konfirmation teil – ob nun aus reiner Gewohnheit oder familiärer Tradition, sei dahingestellt. Wer das weiß, dem wird zumindest klarer, warum Margot Honecker etwa mit Pfarrern wie Uwe Holmer, der den Honeckers 1990 in seinem Pfarrhaus Asyl gewährte, oder mit mir im persönlichen Umgang recht gut zurechtkam: Religion war ihr nicht völlig fremd.

Und ihr Interesse an Bildung hat womöglich auch in ihren Hallenser Schultagen seine Wurzeln: Margot Feist war eine gute Schülerin, mit einer 3– in Mathematik als einzigem Ausreißer nach unten. Sie war aber in jedem Fall so gut, dass man ihr einen Platz auf einer sogenannten Lehrerbildungsanstalt anbot. Damals wurde man noch nicht auf Universitäten Pädagoge. Die Lieblingsschülerin ihres Lehrers würde noch zeitlebens bereuen, dass es mit der Verwirklichung ihres Traumberufs »Lehrer« nichts werden sollte.

Zwei Gründe mögen dafür laut Ed Stuhler den Ausschlag gegeben haben:[17] Zum einen handelte es sich um nationalsozialistische Lehrerbildungsanstalten, und da waren für Margot auch nach der Überwindung der Zulassungshürde die politischen Probleme vorprogrammiert. Und ein weiterer Faktor habe mitten im Krieg den Ausschlag gegeben: Die 15-jährige Halbwaise Margot Feist musste sich um den Bruder und den nach seinem KZ-Aufenthalt geschwächten Vater kümmern, sprich diese beiden mit ernähren. Wer das weiß, dem wird schlagartig klar, warum das Thema Geld selbst noch in unseren Gesprächen rund 75 Jahre später so präsent und wichtig für sie war.

Erfahrungen mit Totalitarismus und unberechenbarer Gewalt eines Unrechtsstaates sammelte Margot Feist früher, als ihr lieb sein konnte: Der Vater ließ auch nach der KZ-Haft nicht von seiner Arbeit für die KPD ab, und die Tochter unterstützte ihn weiterhin dabei. Dieser Widerstandskampf gegen das Regime war lebensgefährlich, und Margot Honecker hat nach eigenem Bekunden immer damit gerechnet, irgendwann die Gestapo im Haus zu haben. 1943 schien der Tag gekommen zu sein: Margots Vater wird zur Gestapo einbestellt, und seine Tochter begleitet ihn in der sicheren Annahme, dass sie ihn nach seiner Zeit in Buchenwald ein weiteres und vielleicht letztes Mal ans Konzentrationslager verliert. Als sie davon erzählte, dachte ich unwillkürlich an das Kampflied der Arbeiterbewegung *Auf, auf zum Kampf* (1919), in dem es in der dritten Strophe heißt:

Es steht ein Mann, ein Mann,
So fest wie eine Eiche.
Er hat gewiss, gewiss
Schon manchen Sturm erlebt.
|: Vielleicht ist er schon morgen eine Leiche,
Wie es so vielen Freiheitskämpfern geht. :|

Margot Feist war aufgewachsen in einem so bedrohten wie hoffnungsvollen kommunistischen Milieu, in dem sich »Eiche« auch schon einmal auf »Leiche« reimt. Für die junge Frau war die Einbestellung des Vaters bei der Gestapo eine höchst reale Angst, ja traumatisch, und derlei prägt – zuweilen ein Leben lang. Zudem war sie nach eigener Angabe als Persönlichkeit durchaus anlehnungsbedürftig. So sagte sie einmal: »Ich habe in meiner Jugend viele Entbehrungen in Bezug auf Liebe gehabt.«[18] Wen würde das bei diesem Lebensweg wundern?

Gotthardt Feist wird nicht von der Gestapo eingesperrt, sondern als Soldat an die Front geschickt. Selbstverständlich an die Westfront, damit er nicht wie andere Genossen auf die Idee kam, zu den Sowjets überzulaufen. Er darf weiterleben, aber seine zwei Kinder sind nun ganz auf sich allein gestellt. Sie weichen 1943 zu den Großeltern väterlicherseits ins schlesische Hirschberg aus, auch um den Luftangriffen auf Mitteldeutschland und Halle zu entgehen. Schlesien scheint zunächst sicher und weit genug entfernt von der Frontlinie im Osten und den Bomberflotten im Westen. Margots schlesischer Großvater, der bei einem Familienbesuch Jahre zuvor im roten Glaucha-Viertel Halles für die Feists einmal enorme Probleme mit der Nachbarschaft verursachte, weil er seine Spaziergänge im Kommunistenviertel in seiner SA-Uniform absolvierte, ist mittlerweile verstorben.[19]

Die junge Frau hat Glück und bekommt nicht, wie zunächst befürchtet, eine Stelle in der örtlichen Munitionsfabrik zugewiesen, sondern wird zur Telefonistin im Fernamt Hirschberg ausgebildet – fern der Angriffe auf die großen Städte.[20] So kennt sie durch ihren neuen

Beruf die Lage an der Front und weiß vom schnellen Vorrücken der Roten Armee, zudem hört sie illegal britische Sender.

Später wird sie auch aufgrund dieser eigenen Erfahrung ganz genau wissen, was es bedeutet, wenn einem Westfernsehen und BFBS verboten werden, und sie konnte aus ihrer Zeit als Telefonistin, die illegal »Feindsender« hörte, sicherlich so gute wie bewährte Argumente dafür nennen, warum es aus Sicht eines moralisch überlegenen Staates legitim ist, Menschen von Informationsquellen abzuschotten. Mit den Methoden der Nazis war das freilich nicht vergleichbar, denn man war ja das »bessere Deutschland«. Und ihr Argument war ja gut mit persönlichen Erfahrungen und historischen Fakten zu unterfüttern: In Schlesien erlebte sie, wie sich die Waffen-SS in einem absolut sinnlosen Gefecht bis zur letzten Patrone der Roten Armee entgegenstellte. Dort hat sie vermutlich auch am eigenen Leib miterlebt, was der Sieg der Rotarmisten oft bedeutete: ein gesetzloses Wüten gegen die Zivilbevölkerung und massenweise Vergewaltigungen. Die DDR hat, was damals geschah, tabuisiert und totzuschweigen versucht. Noch heute fällt es vielen schwer, darüber zu sprechen – den einen aus Scham, den anderen aus dem Gefühl heraus, die Befreier nicht anschwärzen zu wollen. Aber die Wahrheit ist dem Menschen zumutbar, und der Historiker sollte zumindest sein Bestes versuchen, die Wahrheit herauszufinden, um im Sinne Leopold von Rankes aufzuzeigen, »wie es eigentlich gewesen« ist. Was genau hat Margot Honecker damals gesehen ist, gehört, erfahren und womöglich am eigenen Leibe erlebt und erlitten? Sie war ein bildhübsches junges Mädchen, aber Russisch sprach sie nicht, und einen KPD-Mitgliedsausweis als Schutzamulett hat sie gewiss auch nicht gehabt. Ist sie selbst auch vergewaltigt worden?

Ich habe versucht, ihr diese Frage so behutsam wie möglich zu stellen – und das nicht aus Sensationslust, sondern weil eine solche Tat einen existentiellen Bruch bedeuten kann – eine biographische Zäsur, die weitere Entscheidungen und Haltungen im Lauf des Lebens prägen kann, und eine Wunde im Weltvertrauen, die womöglich niemals aufhört zu schmerzen. Wie bleibt eine junge Frau kommunistische Aktivistin und glühende Bewunderin der Sowjetunion und von Marschall Stalin, die von dessen Soldaten vergewaltigt wurde und nicht daran vorbeisehen konnte, dass solche Vergewaltigungen ein Massenphänomen waren, ein Mittel der Kriegführung, wie es leider bis heute wieder und wieder benutzt wird? Wie viel muss jemand von seinem Denken und Fühlen abspalten und einkapseln, um nach einer solchen Erfahrung noch so agitieren und funktionieren zu können wie Margot Honecker?

Hierüber ließ sich im Gespräch mit ihr keine Gewissheit erzielen. Als ich die Sprache auf das Thema Vergewaltigungen brachte, schien sie sogleich zu wissen, worauf ich hinauswollte. Sie wehrte ab: Das sei eben der Krieg gewesen. Es seien furchtbare Dinge geschehen, auf beiden Seiten. Krieg bringe das Schlimmste zum Vorschein an den Menschen, aber wer eine bessere Zukunft aufbauen wolle, der müsse den Blick nach vorne richten, so wie sie und ihre Generation das nach

1945 getan hätten. Das andere sei eben nicht zu ändern gewesen.

Davon schien Margot Honecker ehrlich überzeugt, und irgendwie stimmt das ja auch. Hannelore Kohl, die damals von russischen Soldaten vergewaltigt worden ist, hätte ihr vielleicht grundsätzlich recht gegeben – es musste ja irgendwie weitergehen. Nur: Hannelore Kohl hat, wenn auch spät, offen darüber reden können, was sie erlitten hatte. Sie hat es auch für wichtig gehalten, die damaligen Massenverbrechen nicht unter irgendeinen Teppich der politischen Korrektheit oder der sozialistischen Gesinnung zu kehren. Margot Honecker dagegen machte in einem Regime mit, das überall Straßen nach der Deutsch-Sowjetischen Freundschaft benannte, Jungpioniere Blumensträuße an russische Panzerbesatzungen überreichen ließ und jeden wegen Gesinnungsverbrechen bestrafte, der an sowjetische Kriegsverbrechen erinnern wollte. Sie hat zu ihrem eigenen Schicksal damals gegen Kriegsende beharrlich geschwiegen. Sie hätte ja auch sagen können: »Ich hatte Glück. Mir ist nichts passiert.« Aber genau das sagte sie nicht, und es hätte aus ihrer Sicht wohl das Eingeständnis bedeutet, wie vielen anderen Frauen etwas so Schlimmes »passiert« war. Und sie hat sich – auch mir gegenüber – ins Allgemeine geflüchtet, nach dem Motto: Wo gehobelt wird, fallen Späne.

Ich bin also nicht weiter als schon der Biograph Ed Stuhler, der zu der Vergewaltigungsfrage nur ähnlich gewundene Allgemeinheiten als Antwort bringt, wie ich sie zu hören bekam. Nur lagen die von ihm zitierten Äußerungen fast 30 Jahre zurück. Hätte Margot

Honecker nicht 2016, den Tod vor Augen, in dieser Hinsicht freimütiger sprechen können – immerhin war sie ja nun auch von der Sowjetunion gründlich enttäuscht worden, und die Vermutung, sie sei vergewaltigt worden, war ja weder abwegig noch aus der Welt zu schaffen. Wollte Margot Honecker nicht reden, weil sie fürchtete, dass die »Westpresse« ihr Leid ausschlachten würde? Das glaube ich nicht, denn ein solches Bekenntnis hätte ihr selbst in den wildesten Revolverblättern Respektbekundungen eingetragen. Ich sehe zwei mögliche Gründe, warum alles, was sie dazu sagte, unscharf blieb: Die Wunde schmerzte noch immer. Und vielleicht schmerzte auch die Frage, ob es nicht wider alle Selbstschutzinstinkte und Selbstachtung gewesen ist, sofort nach einer solchen Traumatisierung zum Sieger und seiner Propaganda überzulaufen und sich selbst und allen Mitbürgern die Erinnerung daran zu verbieten, wie schmutzig der Lorbeer dieses Sieges war.

Auch ein anderes Thema war ihr so unangenehm, dass sie es kurz und knapp aus der Welt schaffen wollte, als ich es aufbrachte: Ich fragte sie, ob sie tatsächlich zu Nazizeiten Mitglied im Bund Deutscher Mädel (BDM) gewesen sei. Ja, das sei sie gewesen, gab sie zu. Aber das sei selbst für eine schon damals aktive Jungkommunistin wenig erstaunlich gewesen. Denn mit der ab 1936 geregelten Pflichtmitgliedschaft aller nicht aus »rassischen Gründen« ausgeschlossenen Mädchen wurde aus dem BDM bis Kriegsende die mit 4,5 Millionen Mitgliedern größte weibliche Jugendorganisation der Welt. Margot Honecker erwähnte ihre Mitgliedschaft, doch nicht ohne sofort darauf hinzuweisen, sie habe als

Tochter eines notorischen Kommunisten mit Haft im Konzentrationslager Buchenwald an keinem einzigen Treffen des BDM teilgenommen.

Aus der Jungkommunistin im Untergrund wird bereits fünf Monate nach Kriegsende ein so aktiver wie glühender Parteikader. Obwohl ihre Großmutter Schlesien auch nach Beginn der polnischen Verwaltung nicht verlassen will, kehrt Margot bereits im Herbst 1945 mit ihrem Bruder nach Halle zurück, tritt sofort in die KPD und den Freien Deutschen Gewerkschaftsbund (FDGB) ein und wird Stenotypistin beim FDGB. Dann nimmt eine Parteikarriere im entstehenden Sozialismus auf deutschem Boden rasend schnell ihren Lauf, denn für eine junge, engagierte, hübsche Genossin gibt es in einer Partei älterer Männer wenig Konkurrenz.

In dieser Zeit wird sie zum ersten Mal schwanger, entscheidet sich aber für die Parteikarriere und gegen das Kind und hat, anders als ihre Mutter, das Glück, die Abtreibung zu überleben.[21] In dieser Zeit nimmt sie auch an einigen Kursen für Neulehrer teil, begräbt aber ebenfalls zugunsten der Arbeit für die Partei diesen Berufswunsch endgültig. Mit der Vereinigung von SPD und KPD in der Sowjetischen Besatzungszone (SBZ) zur Sozialistischen Einheitspartei Deutschlands (SED) wird Margot im April 1946 SED-Mitglied. Anders aber als Erich Honeckers zweite Frau Edith Baumann vertritt sie dabei nicht den sozialdemokratischen, sondern den kommunistischen Flügel.

In diesem für sie politisch wichtigen Jahr 1946 zieht sie in den Kreisvorstand der Freien Deutschen Jugend (FDJ) in Halle ein und wird dort Leiter des Pressereferates – in der DDR sind die beruflichen Funktionsbegriffe meist männlich. Bereits 1947 wird sie ebendort Abteilungsleiter der Abteilung »Kultur und Erziehung« und kommt zum ersten Mal mit jenem Tätigkeitsfeld in Kontakt, welches ihr ganzes späteres Berufsleben prägen sollte.

1948 wird sie in den Landesvorstand der FDJ Sachsen-Anhalts entsandt und besucht 1949 mit einer Pionierleiterdelegation zum ersten Mal das von Stalin beherrschte Paradies aller Werktätigen, die Sowjetunion. Spätestens nach dieser Reise wird sie zu einer bedingungslosen Verehrerin des Diktators, und an dieser Verehrung hat sich auch nach allen Enthüllungen Stalin'scher Verbrechen nichts mehr geändert. Zu Stalins 70. Geburtstag wird sie noch im selben Jahr Mitglied einer Ehrendelegation, Mitglied des Zentralrates der FDJ, Vorsitzende der Pionierorganisation der FDJ, eine der jüngsten Abgeordneten des Deutschen Volkskongresses, des Vorläufers der Volkskammer, und Kandidatin für das Zentralkomitee der SED. Die Partei und ihre Organisationen werden ihr Leben.

Über die Arbeit im FDJ-Landesvorstand lernt sie 1949 zunächst kollegial und dann auch privat Erich Honecker kennen, den damaligen Vorsitzenden des Zentralrats der FDJ, der im fernen Ost-Berlin residierte. Sie selbst erinnerte sich nach eigener Angabe nicht an die genauen Umstände. In ihrem Interviewbuch mit Luis Corvalán betonte sie aber ausdrücklich, wie schwer es für sie war, für Erich von Halle nach Berlin umzuziehen. Da war es wieder, das Motiv »Heimat« in ihrem Leben: In ihrer Geburtsstadt, da waren ihre Familie, ihre Freunde und Genossen. Zugleich unterstreicht sie ihre Eigenständigkeit: »Als ich nach Berlin kam, war ich eine junge Frau mit einem eigenen politischen Profil, das ich mir auch später immer zu bewahren suchte.«[22]

Näher kamen sich Erich und Margot jedenfalls bei der erwähnten gemeinsamen Reise in die Sowjetunion zu Stalins Geburtstag.[23] Beide sind in ähnlichen Verhältnissen aufgewachsen, stammen aus dem »Arbeiteradel«, nur ist Erich 15 Jahre älter. Und ausgerechnet seit dem 8. Dezember 1949 mit seiner Stellvertreterin im FDJ-Zentralrat, Edith Baumann, in zweiter Ehe verheiratet. Im März 1950 kommt die gemeinsame Tochter Erika zur Welt.

Das alles steht offensichtlich der Liaison mit Margot nicht im Wege. Am 11. September 1950 schreibt die verzweifelte Edith Baumann ohne Wissen ihres Ehemanns einen Brief an Walter Ulbricht, der später bei Erich Mielke unter Verschluss liegen wird.[24] Ulbricht solle ihr helfen, denn »er (Erich) kommt nicht von dem Mädel (Margot)« los. Baumann schreibt wohlgemerkt nicht an den ranghöheren Wilhelm Pieck, sondern an den ihr gut bekannten Walter Ulbricht, weil sie weiß oder zumindest hofft, dass es der Leipziger Tischler ist, der am ehesten der beginnenden steilen Karriere von Margot Feist ein Ende setzen könnte.

Wir wissen: Es kam anders. Später war in den Medien viel vom Zustandekommen der dritten Ehe Erich Honeckers die Rede und von den Gerüchten um die erste Ehe mit der unter den Nazis dienenden Gefängnisaufseherin Charlotte Drost, verwitwete Schanuel, die er während seiner Haft kennenlernte, die er dann am 23. Dezember 1946 heiratete und die bereits 1948 starb.[25] Da war er bereits mit seiner späteren zweiten Frau Edith Baumann liiert. All das war in der DDR ein Tabuthema. In Honeckers Autobiographie *Aus meinem Leben* kommt seine erste Frau überhaupt nicht vor.[26] Und auch von Margot redet er darin merkwürdig unpersönlich als »Margot Feist« oder »Volksbildungsminister Margot Honecker.[27]

Für die Gespräche mit Margot Honecker ist nur interessant, sich zu vergegenwärtigen, wie spannungsreich und entscheidend die frühen fünfziger Jahre für sie und Erich sowohl privat als auch politisch gewesen sein müssen.

Sie rückt in zentrale Führungsgremien der Partei vor, der sie bedingungslos loyal ergeben ist. Sie beginnt ein Verhältnis mit dem aufstrebenden, aber verheirateten Kader Honecker im Wissen, dass sie bei Bekanntwerden dieser außerehelichen Verbindung mit einem Scherbengericht der prüden Partei rechnen muss, auch weil deren Führungsleute dem Nachwuchsmann Honecker seine Trophäe vermutlich nicht gönnen. Und sie geht dennoch weiter, reist mit ihm im September 1952 zum Urlaub in die UdSSR und bringt Anfang Dezember 1952 die gemeinsame Tochter Sonja zur Welt – womöglich trotz aller Ungewissheiten die glücklichste Phase jener Zweierbeziehung.

In der SED ist alles Private meistens auch politisch, und so hängen Margots und Erichs politische Karrieren am seidenen Faden. Die Partei erweist sich am Ende als weniger puritanisch-moralisierend, als zu befürchten stand. Aber die Verhältnisse wirken zum Unwillen der Parteiführung lange ungeklärt: Edith Honecker-Baumann gibt noch 1954 ihren Familienstand als »getrennt lebend« an und unter Angaben zu ihren Angehörigen »Honecker, Erich, Ehemann, jetzige Wohnadresse unbekannt«.[28] Erst am 26. Januar 1955 wird ihre Ehe mit Erich geschieden und später parteiamtlich totgeschwiegen.[29]

Das heißt also: Entweder haben Margot und Erich Honecker wirklich schon 1953 geheiratet, wie es Margot Honecker hier und da und noch in ihrem Interviewbuch mit Luis Corvalán aus dem Jahr 2001 gestreut hat. Dann hätte Erich Honecker von 1953 bis 1955 den Straftatbestand der Bigamie erfüllt. Oder sie haben erst 1955 den Bund der Ehe geschlossen, offiziell jedoch eine andere Jahresangabe bevorzugt. Jedenfalls war spätestens 1955 die private Wende vollzogen: Margot Feist hatte Edith Baumann als Ehefrau abgelöst. Die Ex ging einem einsamen Alter entgegen, und als sie 1973 starb, da bekam sie zwar als – immerhin – ehemalige Kandidatin für das Politbüro einen Nachruf im *Neuen Deutschland*, aber von irgendeiner früheren Verbindung zum Genossen Erich Honecker stand darin keine Silbe.

Ob die Datierung der Heirat auf das Jahr 1953 bei Margot Honecker nun ein Fehler oder Absicht war: Man darf sicherlich davon ausgehen, dass die politische Seite dieser Ehe von der persönlichen nie zu trennen war. Diese Jahre waren heikel, und es gab und gibt bestimmt viele Ehen, die unter einem besseren Stern standen als die der Honeckers.

Wir haben das Thema Ehe darum in unseren Gesprächen nicht weiter vertieft, auch weil ich wusste, dass sie es regelrecht hasste, wenn man sie über ihren Mann definierte. Wie wenig ihre Ehe für Margot Honecker ein innerer Halt gewesen ist, das zeigt auch ihre durchaus mit Stolz gemachte Bemerkung, sie habe trotz aller Probleme immer zu ihrem Mann gehalten, bis zu seinem Tode – das klang eindeutig mehr nach Pflicht als nach Neigung.

Es waren also die frühen fünfziger Jahre für das aufstrebende spätere Ehepaar Honecker schon aus mehr privaten Gründen unsichere Zeiten. Obendrein drohte aber die sozialistische Karriereleiter sogar umgeworfen zu werden, an die sie sich klammerten: Wäre der Volksaufstand vom 17. Juni 1953 erfolgreich gewesen, dann wäre den Honeckers schon damals das Volk abhandengekommen, das sie anführen wollten.

Bei Ausbruch des Aufstandes wurde Margot wie eine Kommunardin an der Barrikade mit der Sicherung des Zentralrats der SED beauftragt, und sie war erleichtert, als sowjetische Panzer anrückten und den Aufstand niederwalzten. Dem FDJ-Vorsitzenden Erich Honecker aber wurde danach der schwerwiegende Vorwurf gemacht, er habe die Stimmung in der Bevölkerung und insbesondere die Stimmung unter der Jugend völlig falsch eingeschätzt. Ein solcher Vorwurf konnte leicht das Karriere-Aus bedeuten.

Die Partei schien nun Erich und Margot trennen zu wollen: Sie wird von Herbst 1953 bis Juli 1954 ohne Erich und ihr gerade neun Monate altes Kind auf die Moskauer Parteihochschule geschickt.[30] Direkt im Anschluss sollte dann Erich – ebenfalls ohne Frau und Kind – im Jahr 1954/55 zur »Fortbildung« nach Moskau gehen, was sich mit Hilfe Otto Grotewohls noch gerade verhindern ließ, aber nur über eine Verschiebung um ein Jahr. Die junge Beziehung und die Karriere der beiden stehen vor einer schweren Probe.

Wer verstehen möchte, wie hart Margot Honecker mit sich selbst und anderen sein konnte, wenn es darauf ankam und aus ihrer Sicht nicht anders ging, der mag sich vorstellen, wie sie damals monatelang in Moskau getrennt von ihrem sehr kleinen Kind leben musste.

Die politischen Aktien der beiden steigen erst wieder ab 1955: Sie tritt ins Ministerium für Volksbildung ein. Er wird von seinem Förderer Ulbricht mit der Zuständigkeit für die Sicherheit der DDR betraut (Armee, Polizei, Grenztruppen) und wird damit später auch die Gelegenheit bekommen und nutzen, sich durch das so stille wie effektive Vorantreiben des wichtigsten Bauprojekts der DDR zu profilieren: des Baus der Berliner Mauer im August 1961.

Auch seine Frau macht sich in der Partei weiterhin einen Namen. In ihrem Ministerium ist Margot beliebt und arbeitet sich durch die Abteilungen hoch, bis sie 1958 zum stellvertretenden Minister wird. Ihr unterstanden nun die Bereiche Lehrerbildung und Wissenschaft. Im November 1963 erklimmt sie schließlich die höchste Karrierestufe und wird als »Genossin Minister« allein zuständig für alle Bereiche der Volksbildung, ein Amt, das sie – anders als ihre vier Vorgänger – nicht mehr abgeben und bis November 1989 über ein Vierteljahrhundert innehaben sollte.

1960 siedelt das Paar nach Wandlitz vor die Tore Berlins um, wo es Margot Honecker nie gefiel, weil es sie von Familie und Freunden trennte und sie von nun an unter permanenter Kontrolle der Mitarbeiter Mielkes stand und obendrein auch noch misstrauische Nachbarn bekam, mit denen man eben nicht ausgelassen zum Männertag grillen oder zum Internationalen Frauentag anstoßen wollte. Margot Honecker vermisste in der »Waldsiedlung« in Wandlitz ein Minimum an ungezwungener Privatheit.

Margot Honecker ging in ihrer Arbeit als Ministerin auf, und darum haben wir über dieses Thema sehr viel gesprochen. Sie war der Meinung, sie habe ein gerade in der Elementarbildung erfolgreiches Schulsystem hinterlassen, das es mit den besten der Welt habe aufnehmen können. Ich widersprach nicht, aber sah vor allem ein Schul- und Hochschulwesen, das Andersdenkende systematisch und mit fast allen Mitteln von Bildungschancen abgeschnitten und so zigtausendfach Biographien zerstört hatte.

Was hingegen ihr Mann erreicht und wie das Ehepaar seine politische Macht immer mehr gefestigt hatte, das bewegte sie in der Rückschau viel weniger. Im Mai 1971 tritt Erich Honecker die Nachfolge Walter Ulbrichts als Erster Sekretär und später Generalsekretär des Zentralkomitees der SED an, wird im Oktober 1976 von der Volkskammer zum Vorsitzenden des Staatsrates ernannt und bleibt nicht ohne Erfolge, die aber entweder einen bitteren Beigeschmack hatten oder nicht von Dauer waren.

Er ermöglichte den DDR-Bürgern allmählich einen höheren Lebensstandard, aber die DDR lebte von der

Substanz. Er erreichte 1973 die Anerkennung der DDR als Vollmitglied der Vereinten Nationen, zeitgleich mit der BRD. Er erreichte auch in Bonn die Anerkennung der Tatsache, dass es auf deutschem Boden zwei deutsche Staaten gab, aber er musste sich von Helmut Kohl ins Gesicht sagen lassen, dass dessen Ziel die Einheit der Deutschen in Freiheit bleibe (und das wurde obendrein im DDR-Fernsehen gesendet).

Erich Honecker hielt stets treu zur sowjetischen Führung, aber er musste erleben, dass der neue Mann im Kreml, Michail Gorbatschow, nicht mehr zu ihm hielt. Er erreichte im September 1987 sein Ziel, in der Bundesrepublik mit militärischen Ehren empfangen zu werden, um nur zwei Jahre später alles zu verlieren. Es kam, was aus Margot Honeckers Sicht das *annus horribilis* von Untreue und Verrat darstellte und was für sie wie ihren Mann bis tief ins chilenische Exil nachwirkte: das Jahr 1989.

Das sowjetische Imperium wandelte sich durch Glasnost und Perestroika und begann zu erodieren. Seine mittel- und osteuropäischen Grenzen wurden immer durchlässiger, und am 7. Oktober ging ein erstes Beben durchs Politbüro: Die FDJ entbot der Partei- und Staatsführung aus Anlass des 40. Jahrestages des Bestehens der DDR einen Fackelzug – und brach dabei in »Gorbi, Gorbi!«-Rufe aus. Zwei Tage später beherrschten Zehntausende friedliche Demonstranten die Straßen von Leipzig, und kaum mehr als eine Woche danach, am 17. Oktober 1989, entband das Politbüro Erich Honecker von allen seinen Ämtern – nicht zufällig in einer Sitzung, in der ausgerechnet das loyalste Politbüromitglied Heinz Keßler aus dienstlichen Gründen absehbar nicht da sein würde. Jener von beiden Honeckers bis zum Schluss als zuverlässiger Genosse und persönlicher Freund geschätzte Verteidigungsminister der DDR war dienstlich in Mittelamerika, als die Gruppe um Krenz, Schabowski, Stoph und Mielke Erich Honecker in dieser Sitzung an jenem 17. Oktober 1989 hinterrücks wegputschte.

Die Honeckers wurden davon nach eigener Angabe komplett überrascht. So kommentierte Erich Honecker den Vorgang in einem Interview 1990: »Ich muß ganz offen sagen, daß ich von der ganzen Soße nichts gewußt habe. (...) Ich konnte die Wahl von Krenz deshalb nicht verhindern, weil ich urplötzlich vor die Frage gestellt wurde, zurückzutreten, und man sich inzwischen auf Krenz geeinigt hatte, so daß überhaupt keine Diskussion um Personen mehr möglich war. Ich hatte auch den Eindruck, daß es auf sozialistischem Wege weitergeht.«[31] So eröffnete der Vorsitzende Honecker diese denkwürdige und für ihn letzte Sitzung des Politbüros mit den Worten: »Gibt es noch Vorschläge zur Tagesordnung?«, und Willi Stoph brachte als neuen ersten Punkt ein: »Entbindung des Genossen Honecker von seiner Funktion als Generalsekretär und Wahl von Egon Krenz zum Generalsekretär.«[32] Da war es raus.

Und nun passierte das, was Margot Honecker auch 25 Jahre danach keinem der Anwesenden verzieh: Einer nach dem anderen fiel um. Auch sie war von alldem komplett überrascht.[33] Konsterniert wie diszipliniert stimmte Erich Honecker am Ende ebenfalls für seine Absetzung, sodass auch zu diesem Anlass skurrilerweise erreicht werden konnte, was im politischen System der DDR so wichtig war: Geschlossenheit ohne Gegenstimme. Am 18. Oktober 1989 verkündete die *Aktuelle Kamera* Erich Honeckers Rücktritt »aus gesundheitlichen Gründen«. Zwei Tage später reichte auch seine Frau Margot ihr Rücktrittsgesuch als Ministerin ein. Mir gegenüber betont sie dasselbe, was schon in ihrem Rücktrittsgesuch steht: Sie sei sich als Minister für Volksbildung keines Versagens und keiner Verfehlungen bewusst. Und auch hier ist sie einmal mehr konsequent, wenn sie erklärt, dass ihr Rücktritt allein »aus persönlichen Gründen« erfolge, und formuliert: »Obwohl ich immer davon ausgegangen bin, dass meine Tätigkeit und Verantwortung nicht von meiner Ehe mit dem ehemaligen Generalsekretär abhängig war und ist, so weiß ich natürlich dass hier ein Zusammenhang hergestellt wird.«[34] Das nennt man unter den gegebenen Umständen wohl einen souveränen Umgang mit dem Konzept einer »Schicksalsgemeinschaft«!

Mit diesem – aus ihrer Sicht – konterrevolutionären Verrat von 1989 ist Margot Honecker niemals fertiggeworden. Ihre Urteile über Gorbatschow und über die »Wendehälse« in der SED waren auch nach all der Zeit entsprechend schneidend. Aber jener Oktober markierte außer dem Machtverlust der Honeckers und dem Anfang vom Ende der DDR noch etwas für sie: Damals hatte an diesem Politbürotisch, unumkehrbar, auch der Prozess der Vereinsamung der Honeckers begonnen. Kein anderes Paar in der SED ist so schnell so tief gefallen, ihr Wirken ist abrupt zum Stillstand gekommen. Die meisten Führungsleute strampelten noch eine

Weile weiter, um von der SED und der DDR zu retten, was zu retten war. Und niemand anders bot sich für die neue Staatsführung (Egon Krenz und andere) dermaßen als Sündenbock an – die Kehrseite ihrer jahrzehntelangen Amtsträgerschaften. Margot Honecker hatte das Gefühl, man schlug den Sack und meinte den Esel: »Politik und Politiker wurden kriminalisiert (...).«[35]

Der Esel, das war die DDR, und der Sack, das waren die Honeckers. Eine Frau, die es gewohnt war, in »Klassenkämpfen« und »Konterrevolutionen« zu denken, sah es letztlich so: Indem man sie, die Honeckers, kriminalisierte, kanalisierte die SED-PDS im Osten den Volkszorn, während man gleichzeitig erreichte, durch Reportagen über das Leben der Eliten in Wandlitz und dergleichen das Gesellschaftsmodell, für das die DDR stand, umso schneller zu delegitimieren. Diese Strategie ging aus ihrer Sicht auf und ließ die Honeckers Ende Januar 1990 von allen Verbündeten verlassen schutzlos auf dem Schlachtfeld zurück. Am Ende waren sie nicht mehr als eine Belastung der deutsch-sowjetischen Beziehungen.[36]

In den lange vorbereiteten Nachrufen wurde zuweilen darüber spekuliert, ob Margot Honecker zuletzt verbittert, allein und einsam gestorben sei. Das ist sie nicht. Sie ist im Kreis ihrer Familie gestorben und im Kreis chilenischer Freunde und Genossen. Allerdings ist dieser Kreis durch ihr hohes Alter jedes Jahr kleiner geworden, bis fast nur noch jene sechs Genossen übrig waren, von denen schon die Rede war. Es war auch das Ausdruck des immer weiteren Bedeutungsverlustes von allem, was sie getan und erstrebt hatte. Am Ende wurde ihr nicht das Staatsbegräbnis zuteil, das die SED ihr in den Zeiten der Macht gewiss bereitet hätte, sondern eine eilige Bestattungsfeier mit um die 50 Teilnehmern, die kurz die alten Fahnen schwenkten und gar nichts mehr von dem trauernden Trotz und störrischen Siegeswillen erkennen ließen, wie es ihn bei den Gedenkzügen für Rosa Luxemburg und Karl Liebknecht alle Jahre wieder noch zu sehen gibt. Da war einfach ein Lebensweg an ein Ende gelangt, das keinen neuen Aufbruch barg.

Miss Bildung

Als ich Margot Honecker um ein Gespräch bat und sie mich dazu einlud, wusste ich vor allem eines über sie ganz genau: Sie sprach eigentlich mit niemandem, den sie nicht genau zu kennen glaubte, und erst recht nicht mit einem Westdeutschen wie mir mit Nähe zur Politik und Publizistik. Darum gab es auch viel mehr Originaltöne über sie als Originaltöne von ihr. Sie hatte das Interviewbuch mit Luis Corvalán gemacht und das schon erwähnte Buch zur Volksbildung veröffentlicht, aber Gespräche von Angesicht zu Angesicht hatte sie abgelehnt, selbst Journalisten mit blütenreiner SED-Vergangenheit gegenüber, weil sie auch, wie sie mir gegenüber ausdrücklich betonte, deren Indiskretionen und Geschwätzigkeiten fürchtete. Für Biographen wie dem dahingehend unverdächtigen Ed Stuhler war das eine Erschwernis, und er notiert irgendwo, es sei schwierig gewesen, über Margot Honecker »zuverlässige Aussagen zu erhalten« – und das, wo er doch schon ohne Aussagen von ihr auskommen musste. Ich machte mich darum von Anfang an darauf gefasst, vor der berühmten Aufgabe mit dem Pudding und dem Nagel zu stehen. Tatsächlich hat mir Margot Honecker dann so manche Probe davon gegeben, wie man Fragen ausweicht, sie mit Gegenfragen beantwortet, sie durch Wortklauberei und semantische Haarspaltereien stumpf werden lässt. Darauf war ich innerlich vorbereitet, aber ich wollte mit einem Thema beginnen, bei dem ich mit Entgegenkommen rechnete und so zu einem vertrauensvolleren Dialog zu gelangen hoffte. Zu den für Margot Honecker heikleren Fragen hoffte ich mich dann immer noch voranzutasten. Für den Einstieg bot sich wie kein anderes das Thema Bildungspolitik an.

Nicht nur »lila Hexe« hatten sie die DDR-Bürger hinter mehr oder minder vorgehaltener Hand wegen ihrer Haarfarbe genannt, sondern auch »Miss Bildung« wegen ihres Ministeramtes. Daraus spricht wenig Zuneigung. Aber Bildung, das spürte man sofort, das war ihr Thema. Margot Honecker *wollte* mit mir viel und intensiv über Bildung sprechen, und wohl nicht nur, weil ich diesen Lebensbereich aus ihrer Sicht einigermaßen kompetent vertrat, sondern weil sie sich durchgängig ärgerte, dass »die Westmedien« sich ausschließlich für ihre Rolle als *First Lady* oder mächtige »Schattenfrau« hinter Erich Honecker interessierten, aber fast nie als Expertin für Bildung. Sie hingegen wollte nicht über Erich Honecker sprechen, sondern über die Frage, wie Bildung den Sozialismus zum Sieg führen könne.

Ich las vor unserem ersten Gespräch im Jahr 2013 alle 767 Seiten ihres Buches *Zur Bildungspolitik und Pädagogik in der Deutschen Demokratischen Republik. Ausgewählte Reden und Schriften* (Berlin 1986). Ich war sehr erleichtert, dass sie mir dann bei meiner Ankunft ihr ideologisch noch verbohrteres, aber wenigstens deutlich lesbareres Interviewbuch *Zur Volksbildung* (Berlin ²2012) samt Widmung überreichte, mich aber glücklicherweise nicht nach meiner ehrlichen Meinung zu den 767 Seiten ihrer gesammelten Reden fragte. Denn verschriftlichte Beiträge und Vorträge wie »Mit Sachlichkeit, Konkretheit, Qualität und hohen (!) Leistungen zum IX. Parteitag« oder »Wir lehren und lernen im Geiste Lenins« konnten es nach meinem Eindruck in jeder Hinsicht mit den berüchtigten Einlassungen ihres Mannes aufnehmen.[37]

Zu dessen rhetorischen Fähigkeiten resümiert sein Leibwächter Bernd Brückner, er habe Erich Honecker in 13 Jahren lediglich zu drei Anlässen frei reden hören.[38] Der Saarländer nuschelte, verschluckte Sätze oder schrie sie mit sich überschlagender Fistelstimme heraus, sodass er für westdeutsche Kabarettisten ein so leichtes wie dankbares Opfer war. Margot war das nicht, aber auch sie redete wie eine x-beliebige Funktionärin mit viel Jargon und ohne rhetorische Brillanz. Und ähnlich durchschnittlich schrieb sie auch, wenn sie ihre Vorträge überhaupt selbst schrieb. Bei allem Respekt: Aufgrund des ideologischen Jargons und eines düsteren Funktionärsdeutsch waren Erich wie Margot Honeckers Einlassungen fast durchgehend so linientreu wie unlesbar und fade.

Warum aber druckt man das, warum redet man so? Ich lernte eines in unseren Gesprächen schnell: Bildungspolitik war in der DDR nicht »Gedöns«, sondern eine wichtige Schaltstelle. So betonte sie mir gegenüber: »Bildung in der DDR war die notwendigste, wichtigste Investition, die der Staat macht (...) Lehrer waren sehr geachtet. (...) Es gab die generelle Entscheidung, Volksbildung darf nicht reduziert werden.«

Das war so politisch vorausschauend wie ideologisch konsequent: Denn in jeder Diktatur einschließlich der des Proletariates hat der »Kampf um die Jugend«, der Aufbau politischer Jugendorganisationen und die ideologische Durchdringung der Schulen und damit der gesamten Gesellschaft höchste Priorität. Nur so war mittelfristig die eigene Macht zu sichern und auszubauen. Hinzu kam ein Weiteres, was die Schule zu einer tragenden Säule dieses Systems machte: Es gab gute Gründe, warum den Kindern im Elternhaus immer wieder eingeschärft wurde, nichts vom Westfernsehen oder privaten, möglicherweise kritischen Gesprächen am Küchentisch in der Schule zu erzählen. Denn durch die ideologische Auswahl ihrer Lehrkräfte hatte Margot Honecker dafür gesorgt, dass solche Informationen über Kritik am Regime konsequent ihren Weg in die einschlägigen Akten finden sollten. Die Schule war nicht nur Ort der Bildung und Erziehung, sondern immer auch ein logistisch wie ideologisch aufs engste beaufsichtigter, öffentlicher Ort staatsbürgerlicher Bewährung.

Und wer sich nicht bewährte, der machte eben kein Abitur oder wurde gar zum Ziel noch härterer Repressalien. Das sollten alle Eltern in der DDR genau wissen, die schulpflichtige Kinder hatten. Und sie wussten es! Meine im Bezirk Magdeburg aufgewachsene Frau berichtet, dass ihre Klasse jedes Jahr am ersten Tag nach den Ferien von ihrem Lehrer, der freilich auch Mitglied der SED war, aufgefordert wurde, im Detail aufzuschreiben, was man mit den Eltern erlebt hatte und vor allem: was genau da gesprochen worden war. Und spätestens dann war zumindest den Eltern klar, dass es hier um mehr ging als die Aufsatzlieferung »Mein schönstes Ferienerlebnis«. Es ging nicht um »das schönste«, sondern es ging um *alle* Ferienerlebnisse und auch die nur scheinbar harmlosen Gespräche und Kontakte der Familien. Im Urlaub an der Ostsee redete es sich eben lockerer.

Anders als ihre Kollegen im vergleichbaren Bonner Ressort hatte die »Genossin Minister« für Volksbildung echten Durchgriff und volle Gestaltungsfreiheit von der Kinderkrippe bis zur Unizulassung. Landesregierungen und -parlamente, die diesen Durchgriff mit irgendwelchem Kompetenzgerangel stören konnten, gab es in der DDR schon seit den fünfziger Jahren nicht mehr. Der Zentralstaat und damit der Minister für Volksbildung war zuständig, und damit sie selbst. Ziel ihrer Arbeit war nicht irgendein blumig-bürgerlicher Bildungsbegriff, sondern nicht weniger als die Erziehung der Jugend der DDR zu »neuen sozialistischen Menschen«.

Die dazu nötigen Maßnahmen hätten manche »Repressalien« genannt, während Margot Honecker das ganze Volksbildungsprojekt nach 1945 euphemistisch als eine »Demokratisierung der Schule« bezeichnete.[39] Und für sie war all das nicht nur politisch alternativlos, sondern ethisch legitim, weil es doch einem guten Zweck diente: der Befreiung des »gesamten Bildungs- und Erziehungswesens von seinem faschistischen und reaktionären Inhalt«.[40] Mit einer solchen Aussage konfrontiert, musste ich unwillkürlich an ein Sprichwort denken, das meine Großmutter häufiger verwendete: Der Weg zur Hölle ist mit guten Vorsätzen gepflastert.

Diese über Jahrzehnte unangefochtene politische Monopolstellung als Ministerin und der damit verbundene klare Parteiauftrag im Interesse der Arbeiterklasse gaben ihr eine enorme Durchgriffsmacht in sehr viele Lebensläufe. Verbunden waren damit oft furchtbare Sanktionsmöglichkeiten und krasse Unfairness bei der Verteilung von Lebenschancen: Schulkarrieren konnten über Nacht beendet werden, regimekritische Hochschuldozenten wurden suspendiert, unliebsame Jugendliche wurden in »Werkhöfe« verfrachtet, die eher Strafanstalten glichen und Kinder ihren Eltern entrissen. So weit reichte der Arm des Staates und der Margot Honeckers.

Als Ministerin war sie für das Ressort Volksbildung eine unwahrscheinliche Besetzung, weil sie selber – wie allerdings zahlreiche ihrer Kabinettskollegen auch – formal kaum qualifiziert war. Sicher: Auch im Westen wird man oft »ministrabel« weniger aufgrund von Fachkenntnissen als vielmehr aus politischen Erwägungen. Nur: In diesem Fall war die verhinderte Pädagogin Margot Feist die oberste Volkserzieherin »Genossin Minister« Honecker geworden. Gewiss, mit Fleiß und Lernfähigkeit stieg sie im Ministerium rasch auf. Aber sie vermisste an sich selber jene Sicherheit und das damit einhergehende Selbstbewusstsein einer gediegenen, systematischen Bildung. Sie sah und bezeichnete sich mir gegenüber mit einem gewissen Stolz als »Autodidakt« (natürlich auch männlich!), die es weit gebracht habe – und zugleich war ihr ein Bedauern anzumerken. Fehlendes Bücherwissen schließt Intelligenz nicht aus und fehlende Zeugnisse nicht Bildung.

Aber Margot Honecker schienen ihre Wissenslücken und Unsicherheiten schmerzlich bewusst gewesen zu sein. Sie hat dies offenbar auch noch in ihren letzten Lebensjahren als wunden Punkt empfunden, und ein solches Gefühl der eigenen Angreifbarkeit wird nur zu gerne durch Dogmatismus kompensiert und dadurch, dass man Widerspruch nicht gut ertragen kann. Jedenfalls machte sie ihr formales Bildungsdefizit empfänglich für akademische Ehren – was bei Menschen mit vergleichbaren Karrieren nicht selten ist.

Nicht ohne Grund behandelt die französische Journalistin Diane Ducret in ihrem Buch über die Frauen von Diktatoren ausführlich Elena Ceauşescu, die nicht nur durch ihre Rolle als Regierungsmitglied und Kultusministerin Rumäniens Parallelen zu Margot Honecker aufweist. Die Frauen der beiden Diktatoren kamen beide aus einfachen Verhältnissen und hatten wenig Bildung genossen. Dies führte bei Elena, die die Schule mit 14 verließ, dazu, dass sie sich als »Gelehrte von Weltruhm« gerierte, als Volksschülerin Vorsitzende der rumänischen Akademie der Wissenschaften wurde, sich ohne Abitur einen Doktortitel ausgerechnet in Chemie mit einer Verteidigung hinter verschlossenen Türen erschlich und eine zweistellige Zahl von Ehrendoktoren führte.[41]

Derlei Promotionsurkunden waren bei Margot Honecker weniger zahlreich, aber doch nicht ganz uninteressant. Zuweilen führte sie auf Visitenkarten den Titel »Dr. h.c. Margot Honecker«, und bei all den vielen Reisen blieb ihrem Chauffeur Georg Melzer die Fahrt zur Abholung des Ehrendoktors der Universität von Poznan 1974 in besonderer Erinnerung: »Als einstige Telefonistin legte sie großen Wert auf solche Würden.«[42]

Einem verstorbenen Freund, einem Flüchtling aus Siebenbürgen, der es dann in der Bundesrepublik zum Rechtsgelehrten brachte, erzählte ich vor Jahren von meiner sich abzeichnenden Chance, Margot Honecker persönlich zu treffen. Das Erste, was ihm zu ihr einfiel, war der Vergleich zu Elena Ceauşescu, und er formulierte seinen Ärger darüber, dass sich besonders Westdeutsche über die Demokratie und idiotische Politiker aufregten. Er sagte: »Weißt du, was der Unterschied zwischen schlechten Politikern von heute und diesen beiden Damen ist? In einer Demokratie kannst du die Nichtleister per Wahl alle vier Jahre austauschen. Aber in der DDR oder in Rumänien, da wurdest du die Männer nicht wieder los, weil du sie nicht abwählen konntest. Und deren schreckliche Frauen schon gar nicht, denn die waren ja nicht mal gewählt. Darum heißt das ganze ›Diktatur des Proletariats‹.«

Generell war es in einem Arbeiter-und-Bauern-Staat für Menschen wie die Honeckers von Vorteil, aus einem ebensolchen »Arbeiteradel« zu stammen und eben nicht aus dem, was man einen »Intelligenzlerhaushalt« nannte. In dieser Hinsicht war die Tochter eines im KZ inhaftierten Schuhmachers und einer Fabrikarbeiterin, beide schon früh in der KPD und im kommunistischen Untergrund aktiv, für eine kommunistische Kaderkarriere prädestiniert.

Das Problem für sie entstand dadurch, dass sie – anders als der Polizistenmörder und spätere Stasi-Chef Mielke oder anders als der mit Erich Honecker seit den vierziger Jahren und später auch mit Margot befreundete, zur Roten Armee übergelaufene Maschinenschlosser und spätere Verteidigungsminister Heinz Keßler – ausgerechnet die Fachministerin für Bildungsfragen war. Und für die ihr übertragene Aufgabe, ein sozialistisches Bildungswesen aufzubauen, um dort »neue« Menschen für das »bessere« Deutschland zu formen, besaß sie zwar aus Sicht der Staatsführung, aber nicht hinsichtlich ihres eigenen Anspruchs an sich selbst das nötige Wissen und die damit verbundene Autorität. Die hätte, mag sie sich oft im Stillen gesagt haben, jemand wie Manfred von Ardenne gehabt – aber sie selber?

Was war ihr nun als Bildungspolitikerin wichtig? Jedenfalls nicht: Bildung um ihrer selbst willen. »Jegliche Ausbildung in jedem Staat ist nie Selbstzweck und erfolgt gar um ihrer selbst willen.«[43] Für sie hatte Bildung allein dem Fortschritt der sozialistischen Gesellschaft zu dienen, sie hatte einen klaren Klassenstandpunkt zu vertreten und nützlich zu sein. Für zweckfreie Persönlichkeitsbildung und für die Erweckung eines kritischen, lebendigen Geistes gab es in ihrem Bildungsverständnis keinen Raum und auch keine Notwendigkeit.

Im Grunde sprach sie mehr von Ausbildung als von Bildung, mehr von Programmierung als von Selbstentfaltung oder Kritikfähigkeit: Staatsnahe Pädagogen befüllten die zu Bildenden mit Fähigkeiten wie Lesen, Schreiben und Rechnen, Staatsbürgerkunde und dem Zitronensäurezyklus, Marxismus-Leninismus und Wehrkunde (von Margot Honecker Ende der siebziger Jahre höchstpersönlich und gegen den Widerstand der

Kirche in die DDR-Lehrpläne geboxt), und heraus kam am Ende der neue, gebildete, linientreue »sozialistische Mensch«. Mir war all das ein Graus, und entsprechend uneins waren und blieben wir darüber in unseren Gesprächen.

Bildung war für die Ministerin für Volksbildung immer ein »Um zu« mit politischem Ziel und keine geistige Horizonterweiterung um ihrer selbst willen. Denn erweiterte Horizonte passten eben nicht allzu gut zu geschlossenen Grenzen. Und nur mit einem solchen sozialistischen Bildungsbegriff konnte man auf die Idee kommen, Wehrkunde ab 1978 als offizielles Schulfach einzuführen.

Unter den Bedingungen des real existierenden Sozialismus ist das alles konsequent. Denn wenn man Menschen im aufgeklärten Sinne Immanuel Kants zum Wagnis erzieht, sich ihres eigenen Verstandes zu bedienen, dann werden daraus allzu schnell statt sozialistischer Persönlichkeiten konterrevolutionäre »Intelligenzler« vom Schlage eines Rudolf Bahro oder Václav Havel.

Wohl auch aus diesem Grund hegten gröbere Gemüter wie Stasi-Chef Erich Mielke (notorisch dessen selbstformuliertes Motto: »Schnauze halten oder auffe Schnauze hauen!«) oder der legendäre FDGB-Chef und Politbüromitglied Harry Tisch, der bei einem Staatsbesuch in Afrika einmal so betrunken gewesen sein soll, dass er nicht die Flugzeugtreppe herunterkam, eine generelle Skepsis gegenüber allzu viel zweckfreier Bildung. Erstaunlicherweise gestand sie mir ausgerechnet bei jenem Harry Tisch zu: »Solche Fehlbesetzungen gab es.«

Im Vergleich zu solchen Kadern war Margot Honecker von einem anderen Kaliber. Sie war kein grobes oder gar schlichtes Gemüt. Sie schien mir zwar nicht besonders klug, aber sie war bauernschlau, und sie schien sich zu Bildung und zu gebildeten Menschen grundsätzlich hingezogen zu fühlen. Sie wollte der Bildung nur die schädlichen potenziellen Nebenwirkungen nehmen, und indem sie das versuchte, zerstörte sie gerade das, was sich in Europa in Jahrhunderten als humanistisches Bildungsideal herausgebildet hat. Von diesem Ideal des »Humanismus« war zwar in der DDR oft die Rede, aber *humanus* heißt neben »gesittet« und »gebildet« in seiner ersten Bedeutung vor allem eines: »menschlich«. Und Schießautomaten zu erziehen oder zu installieren, nur um die eigenen Mitbürger gegen ihren Willen festzuhalten, das ist unmenschlich.

Das alles stand zwischen uns, wenn wir bei Kaffee und Gebäck über Bildungspolitik und Sozialismus sprachen, und es schuf beiderseits ein irritierendes Unbehagen, als ob von irgendwoher ein störender Dauerton erklänge. Sie schob dieses Unbehagen für sich zur Seite, indem sie sich immer wieder einmal auf die Position der Ministerin zurückzog, die Bildung nicht als bürgerliches Glasperlenspiel zu organisieren gehabt habe, sondern als politisches Fundament der Arbeiter-und-Bauern-Macht. Am Ende setzte sich nicht ihr privates Bildungsstreben, sondern ihre politische Kaderschulung durch. Sie hatte Karriere gemacht, indem sie Millionen die Karrierebedingungen diktierte. Das war ihr Parteiauftrag gewesen.

Diese Dichotomie zwischen der bildungsbeflissenen

Autodidaktin und der eisernen Ideologin zog sich wie ein roter Faden durch unsere Gespräche, wie durch Margot Honeckers Leben insgesamt, wobei ihr komplett geschlossenes Weltbild auch an dieser Stelle wenig überraschte. Denn es implizierte, dass staatlich organisierte Bildung nur dann und solange ihren Platz hat, wie sie im Interesse des Fortschritts des sozialistischen Staates und der Arbeiter-und-Bauern-Klasse geschieht. Dies zu wissen ist ein erster Anfang, um zu verstehen, warum Margot Honecker als persönlich für das DDR-Bildungswesen Verantwortliche bzw. Verantwortlichgemachte eben nicht nur bei Pfarrerskindern oder Dissidentenfamilien so unbeliebt war, sondern auch bei so vielen anderen, die der geistigen, politischen und ideologischen Enge dieses Systems ausgesetzt waren. Als Ministerin für Volksbildung war sie für nicht weniger zuständig als für die Systematik der Verteilung von Lebenschancen in der DDR. Jeder nach 1953 geborene DDR-Bürger bekam es früher oder später mit ihr zu tun – in Gestalt des von ihr durch und durch geprägten Volksbildungswesens.

Taxi nach Leipzig

So lautete 1970 der Titel des allerersten *Tatort*-Krimis, und dass darin der westdeutsche Kommissar Trimmel in der DDR ermittelte und einen Stasi-Mitarbeiter als früheren Kollegen im Reichskriminalpolizeiamt kannte, das war in der Zeit der deutschen Teilung und der Entspannungspolitik so richtig politisch. Ich dagegen brauchte 1992 nur noch ein »Taxi in Leipzig«, um vom Bahnhof zum Studentenwohnheim und zur Uni zu fahren, um mich einzurichten und fürs erste Semester einzuschreiben. Mit dem Nacht-IC aus meiner Heimatstadt Bielefeld gekommen, kletterte ich morgens um sechs Uhr im Bahnhof Leipzig aus dem Abteil. Der größte Sackbahnhof Europas und die Stadt rochen nach Braunkohle, waren dunkel, verrußt und grau, mit vielen Altbauten, die dringend auf Renovierung angewiesen waren.

Ich stieg in ein Taxi der Marke Wartburg und las auf meinem Zulassungsbescheid nach, in welches Studentenwohnheim ich damit automatisch und für nur 148 D-Mark Miete im Monat zugelost worden war: Tarostraße 14, Zimmer 852. Später sagte mir meine sehr freundliche Sachbearbeiterin im Studentenwerk, ich hätte Glück: Das sei als frisch sanierter Plattenbau ein

Erstbezug mit nur »einem anderen auf der Bude«. Und im achten Stock einer »Platte« sei es doch klasse: Da schaue man über die Stadt und merke gar nicht, in welchem »Arbeiterschließfach« man dort wohne.

Der Fahrer nuschelte in breitestem Sächsisch: »Ah, Tarostraße ist doch da, wo die Neger wohnen, das Internat um die Ecke vom 18. Oktober!« Dazu muss man wissen: Gerda Taro war laut Straßenschildunterschrift eine »Jungkommunistin – gefallen im Kampf gegen den spanischen Faschismus«. Der Straßenname »Straße des 18. Oktober« bezog sich auf den Ausbruch der Oktoberrevolution 1917 in Russland. Und mit den »Negern« meinte der Taxifahrer wenig freundlich die meist afrikanischen Kommilitonen aus sozialistischen Bruderländern, die oft zunächst am Leipziger Herder-Institut Deutsch lernten, um dann an den Universitäten der ehemaligen DDR zu studieren. Genau diesen Weg über die Sprachenausbildung in Leipzig ins Studium ist übrigens auch die amtierende chilenische Präsidentin, die Ärztin Michelle Bachelet gegangen. Meine Flurnachbarn waren ein Herr Engenzech, ein angehender Tierarzt aus der Mongolei, sowie ein syrischer Arzt im Praktikum.

Warum berichte ich so ausführlich davon? Weil mir erst in Santiago klar wurde, wie sehr die Reste des DDR-Alltags in Stadt und Uni, die ich 1992 noch kennenlernte, von Margot Honecker geprägt waren: Wie die DDR aus Devisenmangel heizte, wie die ehemals prächtigen Altbauten im Kampf der Partei gegen das Privateigentum verfielen, wie die Studierenden zusammengepfercht waren, ja selbst welche ostdeutschen

Kommilitonen es überhaupt zur Hochschulreife hatten bringen dürfen – alles das war auch Margot Honeckers Werk gewesen.

Szenenwechsel, Mai 2015: Meine erste Leipziger Studenten-WG des Jahres 1992 aus der Tarostraße trifft sich wie jedes Jahr zum »Männertag«, der im Westen Christi Himmelfahrt heißt, wieder im »roten Suhl«. Aus zusammengelosten vier Kommilitonen aus dem ersten Semester sind Freunde geworden.

Zunächst der Chirurg, dessen Großvater zu DDR-Zeiten einen großen Betrieb leitete. Abiturjahrgang 1989, hat sich der Mann als Abiturient vier Jahre bei der NVA verpflichtet, weil er unbedingt Arzt werden wollte. Er war im Oktober 1989 in einer jener unerfahrenen Einsatztruppen, die man nach Dresden bewaffnet zum Bahnhof schickte mit der Falschinformation des wachhabenden Offiziers, dass Ausreisewillige Kinder auf die Gleise werfen würden. Diese Information sollte die Notwendigkeit eines bewaffneten Einsatzes legitimieren. Am Ende wurde kein Schuss abgefeuert.

Dann der Anästhesist, der sich aus dem gleichen Studienwunsch heraus noch zu DDR-Zeiten die üblichen drei Jahre beim »Wachregiment Friedrich Engels« in Berlin verpflichtet hatte, das als repräsentativer Teil der Nationalen Volksarmee (anders als das »Wachregiment Feliks Dzierzynski«, welches Teil des Ministeriums für Staatssicherheit war) mit Stechschritt Objekte wie etwa die »Neue Wache« mit einer Ehrenformation dekorierte. Sein Vater war im DDR-Skisport als Trainer tätig und damit Sportkader in der DDR, seine Schwester Rodlerin. Schon zu Studienzeiten hatte er berichtet, wie sinnlos und chaotisch die Wendemonate 1989/90 in diesem Eliteregiment waren, als sich keiner mehr um irgendwelche Befehle scherte. Zwanzig Jahre später unterhielten wir uns beim Männertagswandern darüber, wie surreal es diesem äußerst reflektierten Menschen heute erscheine, was er damals als 18-Jähriger politisch alles geglaubt und als Wahrheit hingenommen hatte.

Der Dritte im Bunde war etwas jünger und ganz anders sozialisiert. Er kam aus einer in der DDR – mit Ausnahme des Eichsfeldes – fast ausgestorbenen Spezies: Der Abiturient des Jahres 1991 und Schulsprecher war bekennender Katholik. Sein Vater war ein Physiker, den man nach seiner Doktorarbeit in Karl-Marx-Stadt ganz im Sinne Margot Honeckers vor die folgende Wahl stellte: entweder Eintritt in die SED oder das Ende der wissenschaftlichen Karriere. Er entschied sich gegen den Parteieintritt, und die erste Sanktion war, dass er danach als promovierter Physiker angehende Metzger auf der örtlichen Fachschule in Mathematik unterrichten sollte. Das tat er zunächst reichlich desinteressiert, um dann wie so viele über die Kirche dem DDR-Staat auszuweichen. Er wurde Referent beim Bischof von Dresden, und zwar für Grenzfragen von Theologie und Naturwissenschaften, was mit einem Fernstudium der katholischen Theologie am Erfurter Priesterseminar verbunden war, das sonst nur angehenden Geistlichen vorbehalten blieb. Während ich mit seinem Sohn nach der Wende studierte, erfüllte der Dr. rer. nat. sich seinen Traum eines Doktorates in Philosophie, um danach im Kapitalismus als Professor an einer sächsischen Fachhochschule Wirtschaftswissenschaftlern Mathematik beizubiegen. Machte das mehr Spaß als bei den Metzgern? In jedem Fall war das aber von ihm selbst gewählt. Nach der Wende ist sein Sohn, der Leipziger Psychologiestudent und mein Zimmernachbar, am Ende Chefarzt in einer sächsischen Kleinstadt geworden. Ohne die Wende hätte er sicherlich nie Psychologie und danach auch noch Medizin studieren können.

Der Vierte im Bunde war ich, Westdeutscher mit einem zugeteilten Studienplatz in Theologie und Jura, und damit der bunte Hund der WG. Ich hatte mit dem Gedanken gespielt, mich für Jura in Rostock zu bewerben, war aber sehr erleichtert, als ich hörte, in Leipzig einen Studienplatz zu bekommen, denn die Juristische Fakultät lag ausgerechnet in der Plattenbausiedlung Rostock-Lichtenhagen, wo es im Sommer 1992 zu massiver Gewalt gegen Ausländer gekommen war. Leipzig kannte ich nur aus dem Deutschunterricht durch Auerbachs Keller im *Faust*. Ansonsten war die DDR selbst in Erdkunde auf dem Gymnasium kein Thema gewesen. So hätte ich die Hauptstädte der US-Bundesstaaten nennen können, nicht aber alle Großstädte der DDR – effektive Propaganda gab es also auch im Westen.

Und einen fünften, gelegentlichen Hausgast gab es noch: einen Freund des katholischen Psychologen, allerdings außerhalb der WG lebend. Dieser Freund und Kommilitone sollte weniger für die Männertage als für dieses Buch durch seine Kontakte in Chile wichtig werden. Wie Erich Honecker aus dem Saarland stammend und tendenziell politisch eher links, entschied er sich – genau wie ich – bewusst für ein Studium im damals »Wilden Osten«, wo er ohne Wende nie hätte studieren können. Schließlich wanderte er der Liebe wegen nach Chile aus, um die Tochter eines der wichtigsten CEOs Chiles zu heiraten. Bei ihm wohnte ich in Santiago, und er war es, der sich sogar für mich auf den Weg zur Trauerhalle machte, da ich in dem Moment, als ich von ihrem Tod über die Medien erfuhr, gar keine Möglichkeit mehr hatte, noch pünktlich zur Trauerfeier nach Santiago am nächsten Morgen kommen.

So habe ich vier Studienfreunde gefunden, mit denen ich mich noch immer ein-, zweimal im Jahr treffe. Bei einem dieser Treffen, zwischen zwei meiner Chile-Reisen, hakte ich bei den Freunden nach. Wie waren sie eigentlich in der DDR zum Abitur gekommen? Warum hatten sie sich freiwillig bei der NVA verpflichtet? Wie hatten ihre Eltern zum Regime gestanden? Und was hatten sie von Margot Honecker gewusst und gehalten? Ich erzählte ihnen von der ARD-Doku *Der Sturz – Honeckers Ende* von 2012 mit 4,2 Millionen Zuschauern. Ja, die hatten bis auf einen alle auch gesehen. Ich fragte: »Also was genau ist es? Wie wird man zur meistgehassten Frau der DDR, und wieso treibt das nach einem Vierteljahrhundert gerade Menschen in diesem Teil Deutschlands immer noch um?«

Meine Freunde redeten sich ziemlich in Fahrt: Die NVA-Verpflichtung hatte den Weg zum Wunschstudium gebahnt. Die Eltern, teils wegen ihrer Sachkompetenz unverzichtbar, teils in der inneren Emigration, hatten sich weder als Aktivisten noch im politischen Widerstand hervorgetan, sondern versucht, nirgends anzuecken und für ihre Sprösslinge das Beste herauszuholen aus dem System. Und Margot Honecker, die sei vom Kindergarten bis zum Abitur in allen Weltanschauungsfragen wie ein Firmenlogo gewesen oder wie der Eichstrich am Glas: Wo politischer Stuss drin gewesen sei, da sei Margot Honecker drauf gewesen. Der Chirurg benannte dann einen ganz entscheidenden Punkt. Er sagte: »Alle in DDR über 40 hatten mit dieser Frau irgendwie zu tun und zwar meist negativ. Selbst unsere WG haben wir mittelbar ihr zu verdanken. Und wer hat denn zu unserer Zeit an der Karl-Marx-Universität in Leipzig ein System geschaffen, das Professoren wie Studenten etwa an der medizinischen Fakultät nicht nur nach Leistung, sondern nach politischer Haltung ausgewählt hat? Und diese Leute haben selbst nach der Wende, vielleicht nicht in den Rechtswissenschaften, aber wohl in der Medizin, noch lange uns alle ausgebildet! Bildung ist ein Marathon, und Margot war die ideologisch gefestigte, ultimative Langstreckenläuferin. Diktaturen brauchen solche Menschen!«

Darum ist sie für viele, die diese Ausbildung erlebten, bis heute so interessant: weil nämlich all ihre Bemühungen meinen WG-Bewohnern im Rückblick vollkommen absurd erscheinen und weil Menschen verstehen möchten, warum so etwas offensichtlich Absurdes über 40 Jahre möglich war.

»Sie sind sich im Klaren, dass für Ihren Sohn die Schule nach zehn Jahren beendet ist. Es fehlt bei Ihnen schlicht der gefestigte Klassenstandpunkt.« Dies war ein so typischer Satz, den sich nicht nur ein befreundeter heutiger Theologieprofessor anhören durfte, weil seine beiden Eltern Pfarrer waren. Vielleicht wäre aus ihm auch ein großer Mediziner, Jurist oder Ökonom geworden. Nun ist aus ihm ein waschechter »Oxford Don« und international bekannter Theologe geworden, mittelbar dank Margot Honecker. Denn am Ende war durch ihre unerbittlichen Weichenstellungen im DDR-Bildungswesen »nur« noch ein Theologiestudium möglich.

Und selbst die WG-Kollegen aus systemnahen Familien, die nichts mit Kirche oder Opposition am Hut hatten, nahmen es als bodenlose Ungerechtigkeit wahr, wenn die Nachbarstochter mit dem Notendurchschnitt 1,0 aufgrund der Entscheidung für die Konfirmation kein Abitur machen konnte. Ungerechtigkeiten sitzen tief bei Menschen und wirken zuweilen lange nach.

Das ist der eine Grund, warum sich besonders Menschen, die derlei persönlich erlebt haben, zeitlebens an Menschen wie Margot Honecker erinnern und für sie, in welcher Art und Weise auch immer, interessieren werden. Weil die Eingriffe in den Lebensweg ihrer Kinder so drastisch waren, fragen sich viele bis heute, wie ihr Lebensweg ohne Margot Honecker und die DDR verlaufen wäre.

Der andere Grund ihrer Wirkmächtigkeit scheint mir am Ende dieser: Margot Honecker war eine mit allen Wassern gewaschene, kadergeschulte Politikerin, deren Augen immer dann aufleuchteten, wenn sie erzählen konnte, wo sie was wann in der DDR aktiv und mit großer Wirkung gestaltet habe. Ich habe Erich Honecker nie kennengelernt, aber ich habe nur einige wenige kennengelernt, die es als westdeutsche Berufspolitiker rein strategisch mit einer solchen Frau hätten aufnehmen können. Ihre Hagiographen wie Biographen bestätigen durchgehend, dass Margot Honecker bis hinein ins Politbüro ein gefürchteter Machtfaktor war, mit dem alle stets zu rechnen hatten.

Und wenn sie mal wieder zwischen dem kleinen Erich (Mielke) und dem großen Erich (ihrem Mann) vermittelte, dann müssen doch wohl beide ihre Autorität akzeptiert haben. Warum auch härteste Kader dies taten, das begreift jeder, der die Frau kennengelernt hat: Autoritär, wenn nötig dominant und stählern in der Sache war sie.

Vielleicht liegt in der Faszination an persönlichen Schicksalen von einst gefürchteten, mächtigen Menschen ein dritter und letzter Grund für das immer noch anhaltende Interesse an Margot Honecker. Anders als bei Lotte Ulbricht, die ebenfalls bis zu ihrem Tod im Jahr 2002 Westmedien keine Interviews gab, hatten bei Margot Honecker viele den Eindruck, dass sie in der DDR-Diktatur weit mehr war als die Frau von Erich Honecker. Diesen Eindruck hatte ich auch – im Guten und noch mehr im Schlechten.

Der *Stern*-Journalist Holger Witzel hat viel von dem, was meine Männertagsrunde formulierte, in einem ironisch-kritischen Geburtstagsbrief an Margot Honecker zu ihrem 80. wie folgt zusammengefasst:[44]

Hallo Margot, alte Hexe,

wir kennen uns nicht persönlich, aber wenn man bedenkt, wie intim wir mal waren, darf ich mich zu Ihrem 80. Geburtstag vielleicht schon mal undankbar erweisen: Sie haben mich in der Kinderkrippe auf den Topf gesetzt, bis ich mit 12 Monaten den Plan erfüllt hatte und sauber war. Wenn es nach dem bekannten westdeutschen Kriminologen Christian Pfeiffer geht, bin ich damit nur knapp einer brutalen Neonazi-Karriere entgangen, und niemand weiß, was die Töpfchendiktatur stattdessen oder sonst noch für Schäden angerichtet hat. Sie haben mir mit sieben Jahren ein Halstuch um den Hals geknotet und die Frischluft so lange gedrosselt, bis ich wie alle anderen DDR-Kinder bei Appellen stramm stand, die Augen links und immer irgendein Gelöbnis auf den Lippen. Noch heute sind lästig große Areale meines Gehirns mit Pionierliedern und albernen Thälmann-Gedichten verkleistert, für die ich nirgendwo mehr Beifall bekomme.

Sie und ihre pädagogischen Handlanger haben dafür gesorgt, dass ich kein Abitur machen konnte, obwohl ich bis zur zehnten Klasse immer nur Einsen hatte. Damals hat man sich nicht mal geniert, ganz offen zu sagen warum: Weil ich mit 15 Jahren nicht mit ins Wehrerziehungslager fahren wollte – schießen und marschieren als Schulunterricht! – von Ihnen persönlich 1978 eingeführt. Bei lernbehinderten Dumpfbacken, die Offizier werden wollten, oder Systemstrebern wie Angela Merkel, die sogar noch bei der Zeugnisausgabe ihr FDJ-Hemd trugen, verlief die Erziehung zur sozialistischen Persönlichkeit reibungsloser. Schwamm drüber: Ich habe das Abi später nachgeholt und dank einer rechtzeitigen Laune der Geschichte doch noch einen Beruf gefunden, an den ich in Ihrem System nicht mal gedacht habe. Und im Nachhinein haben bestimmt auch die Auswahlkriterien für Studienplätze und Führungskader die DDR noch ein Stück schneller zugrunde gerichtet.

Das war nicht ihre Absicht, ich weiß. Schade überhaupt,

dass Sie bis heute nicht über Ihre Absichten sprechen: Wie kamen junge Kommunisten wie Sie oder Ihr Mann darauf, die Jugend nach dem Krieg gleich wieder in Uniformen zu stecken und gleichzuschalten? Charaktere so nachhaltig zu verbiegen, dass mehrere Generationen von ehemaligen Pionieren noch heute mit offenem Mund staunen, wie hemmungslos westdeutsch sozialisierte Kollegen neben ihnen ihre Persönlichkeit entfalten. Ihre DDR-Volksbildung hat bleibende Schäden angerichtet, die noch gar nicht erforscht sind. Fast kommt es einem wie ein Wunder vor, wenn man immer noch auf Anhieb die Leninsche Definition vom »stinkenden, faulenden Imperialismus« aufsagen kann und trotzdem mit Börsenseite und Ausbeutern klarkommt, die jetzt Arbeitgeber heißen. Ihr Verdienst ist das nicht.

Es war doch nicht alles schlecht, werden jetzt wieder ein paar von Ihren alten Duckmäuserpädagogen raunen (schlimm genug, dass immer noch welche im Dienst sind): Das DDR-Schulsystem in Finnland, PISA, die Kinderbetreuung und so weiter. Klar. Aber Lesen und Rechnen haben Kinder auch unter dem Kaiser oder in Bayern gelernt. Sozialistische Jugendwerkhöfe waren Ihre Erfindung. Berufs- und Studienlenkung nach gesellschaftlichem Engagement oder die massenhafte Diskriminierung von christlichen Elternhäusern oder Kindern aus Nicht-Arbeiter-Familien, nichts anderes als die Bildungschancenverteilung nach Arm und Reich. Für viele kam die Wende zu spät. Sie mühen sich noch heute im falschen Beruf ab, darunter viele Ihrer ehemaligen Lehrer.

Damit wir uns nicht falsch verstehen: Wenn ich heute jemandem gratuliere, dann mir selbst und allen anderen ehemaligen Untertanen, die Töpfchendiktatur und Gleichschritt halbwegs unbeschadet überstanden haben oder heute – geübt in jeder Form der Anpassung – alle Defizite geschickt vertuschen. Vor allem meinen Eltern habe ich zu danken, die das Schlimmste ausgebügelt haben und mir sogar genug Anstand beigebracht haben, dass ich die Hexe von oben zurücknehme und einer alten Frau wenigstens Gesundheit wünsche, wenn sie sich schon nicht mal mehr in ihre Heimat traut.

Dankbar dafür, dass meine Kinder nie zu den Pionieren müssen oder in der Schule das Fach Wehrerziehung haben,

Ihr ehemaliger Jungpionier Holger Witzel

PS: Schönen Gruß an Luis Corvalán, der – wie man hört – bei Ihnen zum Geburtstagskaffeekränzchen eingeladen ist: Fragen Sie ihn doch mal, ob er das Bild noch hat, das ich 1976 für ihn malen musste, oder die 20 Pfennige, die ich für seine Freiheit gespendet habe, obwohl ich nicht mal wusste, was Freiheit heißt.

Es wird deutlich, wie massiv und radikal das DDR-Bildungswesen den Menschen von Kindesbeinen an einen ideologischen Ballast einpflanzte, den sie nie wieder ganz loswurden, und dass diese Tatsache sie auch noch Jahrzehnte später aufzuwühlen vermag. Politisch, rechtlich und ethisch ist aber die Frage interessant, ob sich das alles wirklich so klar einer einzigen Person zurechnen lässt, wie Holger Witzel es tut. Gewiss, Margot Honecker bildete die Spitze der Pyramide, und der »demokratische Zentralismus« sorgte dafür, dass selbst eine Ablehnung durch die Mehrheit das ideologische Programm nicht hätte verändern können. Aber gab es diese Ablehnung durch die Mehrheit immer? Gab es wirklich nur ein paar zentrale Machthaber und außer ihnen nur willenlose Rädchen im Staatsgetriebe? Oder war und ist nicht gerade eine politisch-gesellschaftlich tendenziöse Bildungspolitik darauf angewiesen, dass ihre Tendenzen, ihre Schlagseite gewissermaßen, von den Pädagogen bejaht und verkörpert und von den Belehrten plausibel gefunden wird? War nicht das Bildungswesen der DDR über lange Zeit weniger ein Teil des Unterdrückungsapparates als ein Teil der gemeinsamen Autosuggestion, auf dem rechten Weg zu sein? Wenn so viele mitgemacht hatten, hatte Margot Honecker dann empörend und vielleicht sogar sträflich falsch gelegen in ihrem Tun und Trachten? Hatten nicht sogar Delegationen aus Westdeutschland bei Besuchen in der DDR gerade auch bildungspolitisch so manches sehr beeindruckend und nachahmenswert gefunden (und dabei nicht den Physikunterricht gemeint)? Kurz: Verschleiert die wohlfeile und bequeme Kritik an Margot Honecker nicht zu sehr die tätige Mitverantwortung vieler DDR-Bürger dafür, wie ihnen geschah? Ersetzt oder erschwert sie eine Selbstprüfung und Aufarbeitung, die so manche Jungpioniere und FDJler eigentlich nötig hätten?

Auch wenn sie in unseren Gesprächen ihren politischen Einfluss stets herunterspielte, war sie als Minister für Volksbildung doch zuständig für nicht weniger als 500 000 Lehrer, Pionierleiter, Hortner, Heimleiter und Bildungsfunktionäre.[45] Daran lässt sich nicht deuteln, und jene Heerscharen von Pädagogen hätten gewiss auch eine weniger ideologische Bildungspolitik umgesetzt als die von Margot Honecker vefochtene. Aber sie haben eben auch die klassenkämpferische Freund-Feind-Version gelehrt, und wenige haben ihnen widersprochen.

Fast jeder DDR-Bürger hat das von ihr strukturierte Bildungsprogramm genossen, oder eben gerade nicht. Und würde man aufschlüsseln, wie sich die 4,2 Millionen Zuschauer, die zum ARD-Interview mit Margot Honecker den Fernseher anschalteten, zusammensetzten, so wäre meine starke Vermutung, dass weit überdurchschnittlich viele Menschen aus den neuen Bundesländern eingeschaltet haben.

Natürlich werden auch darunter einige gewesen sein, die viel Gutes über Honeckers Volksbildung zu sagen hätten: In der DDR gab es über 12 000 Kindergärten, und es wurden in den geburtenstarken Jahrgängen über 700 000 Kinder betreut, um so deren Müttern die Berufstätigkeit zu ermöglichen. Laut Bundesregierung besuchten vor der Wende fast 98 Prozent der Drei- bis Sechsjährigen zumeist ganztags die Kindergärten der DDR.[46]

Als ich mit Margot Honecker über die Qualität der elementaren Schulbildung sprach, schwärmte sie nicht nur von einer DDR-Analphabetenquote, die im Gegensatz zu der in der heutigen Bundesrepublik gegen null tendiert habe. Ja, wir sprachen sogar über die aktuellen Erfolge sächsischer Schüler im PISA-Test auf der Basis des von ihr etablierten, so erfolgreichen Systems der Elementarbildung und über das finnische Schulsystem, mit dem sie sich schon zu Zeiten der DDR auseinandergesetzt habe: »Die Vermittlung von Grundlagenwissen«, das war es aus ihrer Sicht. Da waren die DDR-Schulen vorn.

Ob ihre Einschätzung der Stärken des DDR-Schulsystems stimmen mag, kann ich nicht beurteilen, denn ich bin kein vergleichender Bildungswissenschaftler. Ich gestand ihr auch gern zu, dass die Lernleistungen der Schüler in Mathematik, Orthographie oder Chemie in der DDR besser waren als im Westen.

Was ich allerdings beurteilen kann, ist, dass die Vermittlung des platonischen Bildungsverständnisses eines *Gnothi seauton* (»Erkenne dich selbst«, ein Motto von Platons Akademie in Athen) als Voraussetzung aller Erkenntnis und Möglichkeit der Infragestellung der eigenen Position und der Positionen anderer in den Schulen der DDR nicht sonderlich gefragt war – schon gar nicht in Staatsbürgerkunde oder in Wehrkunde.

Bildung war für die Ministerin für Volksbildung letztlich vor allem eines: eine »Waffe im Kampf gegen den Imperialismus«, ein politisches Instrument, nicht mehr und nicht weniger. Im Juli 1989 verstieg sie sich sogar zu dieser Aussage: Man brauche eine Jugend, die für den Sozialismus eintritt, ihn verteidigt mit Wort und Tat und, »wenn nötig, mit der Waffe in der Hand«.[47] Je mehr wir über dieses Bildungsverständnis und die damit verbundene Volksbildungspolitik, für die sie wie keine andere stand, sprachen, desto tiefer wurde die Kluft zwischen uns. Diese öffnete sich sogar bei dem allerersten Thema, das ich 2013 ansprach, um eigentlich eine Brücke zu ihr zu schlagen.

Fragenkatalog für ein Interview,
das es nie gab

Ich wusste, dass schon so mancher Versuch misslungen war, mit Margot Honecker in ein Gespräch einzutreten. Das Magazin *Stern* war daran besonders eindrucksvoll gescheitert. Die *Stern*-Leute hatten einen Fragenkatalog vorbereitet, sie hatten darauf aber nur eine Serie ziemlich schnippischer, schriftlicher Antworten bekommen.

Immerhin hatten sich am 1. November 2002 in der Alexanderplatzkneipe *Alter Fritz* Margot Honeckers Emissär Klaus Huhn, der ehemalige Sportchef des *Neuen Deutschland*, und Dr. Dieter Krause vom *Stern* getroffen, um laut Huhn über die Konditionen des ersten und am Ende dann doch nicht realisierten Exklusivinterviews in Santiago zu verhandeln. Der Fragenkatalog des *Stern* war dabei meinem ersten Fragenkatalog an Margot Honecker aus dem Jahr 2013 durchaus ähnlich: »Wie Erich Honecker kennengelernt? Wie weit in die von Erich Honecker geleiteten organisatorischen Vorbereitungen zur Abriegelung der Staatsgrenze der DDR eingeweiht? (…) Der Umzug von Pankow nach Wandlitz – gewollt, gemusst, gehasst? Wie wurde die zunehmende Konsumorientierung (Delikat, Exquisit, intershop) gesehen? (…) Der Besuch Erich Honeckers in Bonn – wie hat sich Erich Honecker darauf vorbereitet? (...) Ist der Traum vom Sozialismus ausgeträumt bzw. hat der Kapitalismus historisch gesiegt? (...) Gab es 1989 (und danach) Meinungsdifferenzen mit Erich Honecker?«[48]

Und noch erwartbarer wollte der *Stern* Margot Honecker nach der Meinung zu Personen fragen, wie auch ich das tat, allerdings mit dem entscheidenden Unterschied, dass ich mich dies erst in unseren letzten beiden Gesprächen, und nachdem sich ein gewisses Grundvertrauen eingestellt hatte, traute: »Wie lautet das Urteil über die PDS, über Gysi, Krenz, Schabowski, Gorbatschow?«[49] Ich bekam darauf Antworten und der *Stern* nicht, und das wahrscheinlich nur, weil ich Margot Honecker zunächst und immer wieder nach jenem Thema fragte, das sie umtrieb und auch mich interessierte: das Thema Volksbildung.

Wie wichtig ein langer Atem für das Gelingen eines solchen Gespräches mit einer höchst misstrauischen Person war, zeigt Margot Honeckers mehrseitiger Antwortbrief auf den Fragenkatalog des *Stern*: Zunächst führt sie aus, dass sie sich sehr wohl im Klaren sei, dass *Stern*, *Focus* oder *Bild* Medien des Klassenfeindes seien, sodass sie von Anfang an kritisch war, als sie hörte, dass der *Stern* ihr »Vermächtnis« drucken wolle.[50] Der ihr zugeleitete Fragenkatalog habe dieses Misstrauen mehr als bestätigt. Warum Margot Honecker so deutlich, ja aggressiv wie ausführlich antwortet, wird jedem klar, der weiß, wo ihr größter wunder Punkt liegt. So hatte sie bei den Fragen den Eindruck, dass man sie nicht als eigene Akteurin, etwa in der Volksbildung, befragen wolle, sondern als Anhängsel ihres Mannes oder umgekehrt als graue Eminenz hinter dessen Politik.

Sie schreibt dem *Stern*: »Könnte es nicht denkende Leser mit der Zeit langweilen, was da über mich als ›First Lady‹ oder die ›mächtigste Frau der DDR‹ gefaselt wird? Ich frage mich zuweilen, wer mich, ›die Unbelehrbare‹ mit welchen Argumenten belehren möchte. (...) Und nun wollte *stern* sogar noch mein ›Vermächtnis‹ drucken? Ob sich Ihre Fragen allerdings dafür eignen, gestatte ich mir, anzuzweifeln.« Wohlgemerkt: Margot Honecker mochte es überhaupt nicht, als *First Lady* angesprochen zu werden.

Später folgt auch in diesem Antwortbrief ihre klassische Antwortstrategie, Kritik einfach umzudrehen: Bei aller Kritik an der DDR sei doch zu ihrer Zeit als »*First Lady*« – anders als zwischen dem 1. und 10. Dezember 2002 in der Bundesrepublik – immerhin kein Obdachloser in der DDR erfroren.[51]

Nein, über ihre »Werkhöfe« wollte sie nicht sprechen, nahm es aber den *Stern*-Journalisten wie wahrscheinlich jedem Besucher erwartbar übel, wenn er ihre Lebensleistung in Form des einen Themas übergeht, das ihr wirklich wichtig war: die Volksbildung.

Dem *Stern* schrieb sie dazu: »Und nun erkundige ich mich mal bei Ihnen, warum Sie mich – wenn Sie wirklich an meinem ›Vermächtnis‹ interessiert sind – nicht nach meinem Verhältnis zu Fröbel, Diesterweg oder Pestalozzi gefragt haben (...).« In der Geschichte der Pädagogik, da kannte sie sich in der Tat aus, und auch über aktuelle pädagogische Diskussionen und über die Schulpolitik in Deutschland war sie im Bilde. Einmal verstrickte sie mich gar in eine Diskussion über die Förderung von Nerventätigkeit und Motorik der Schüler durch die Schreibschrift, deren Erlernen man darum aus ihrer Sicht unbedingt beibehalten müsse.

Doch zurück zum *Stern* und seinem nicht von ihr beantworteten Fragenkatalog: Es nötige ihr keinen Respekt ab, so fährt sie in ihrem Brief fort, »dass unter den rund 40 Fragen, die Sie mir gestellt haben, sowieso keine einzige dem Schulwesen galt. Sie werden vielleicht antworten, dass das nur in der Hast vergessen wurde, aber auch das wäre typisch. Bekanntlich sind in den neuen Bundesländern (erstaunlich: Diesen Begriff erwähnte Margot Honecker mir gegenüber fast nie, wenn es um den Osten Deutschlands ging) noch immer viele Lehrer (sie bevorzugte wie damals in der DDR üblich die männliche Form: Auch Frauen waren »Ingenieur« oder »Lehrer«, und nicht etwa »Lehrerin«. Das war ihre Art von Emanzipation) tätig, die ihr nicht geringes Wissen in der DDR erworben hatten. (…) Zugegeben: Es gibt keinen Fahnenappell mehr. Ob der aber eine Lehrstelle aufwiegt, könnte zumindest fraglich sein. (…) Zugegeben: Die DDR war damals ärmer als die BRD, aber sie verfügte über ein lückenlos funktionierendes System der Vorschuleinrichtungen, eine 10-klassige Bildung auf solidem Niveau. Wo davon die Rede war oder ist, wird flugs nach der passenden Schablone gesucht und mit ›Fahnenappell‹ oder ›Pionierhalstuch‹ geantwortet.«[52]

Die autodidaktisch gebildete Pädagogikexpertin, das ist die Art von »Vermächtnis«, für das Margot Honecker auch mir gegenüber in Erinnerung bleiben wollte, statt über Staatsbürgerkunde oder Wehrkunde zu sprechen:

eine solide Elementarbildung, wissenschaftliche Einrichtungen auf hohem Niveau und ein ausgebautes Krippensystem zur Förderung der Werktätigen. Sie erkannte durchaus richtig, dass das aber nicht das Interesse jener Westmedien war, die ihr da Fragenkataloge unterbreiteten: »Aber weiter mit Ihren Fragen: Zum Beispiel die: ›Der Besuch Erich Honeckers in Bonn – wie hat sich Erich Honecker darauf vorbereitet?‹ Ob Sie es glauben oder nicht, mit mir hat er sich nicht beraten. Ich vermute, das hat er wohl lieber mit einem sachkundigen Gremium getan. Oder wollen Sie wissen, ob und welche Krawatten ich ihm ausgewählt habe?«[53]

Interviews auf dieser Ebene waren mit ihr schon darum zum Scheitern verurteilt, weil beide Seiten diametral unterschiedliche Interessen hinsichtlich des dabei verhandelten Gegenstandes hatten. Der *Stern* wollte über die Honeckers und den »Unrechtsstaat« DDR in seinem Verhältnis zur BRD sprechen und möglichst viele Details aus dem Leben im chilenischen Exil erfahren, bis hin zur Farbe ihrer Bluse. Margot Honecker wollte genau das nicht. Sie wollte über Volksbildung und das bessere Deutschland sprechen und nicht über ihren Mann oder ihr Verhältnis zu Wolf Biermann. Das ist legitim.

Viele der *Stern*-Fragen interessierten natürlich auch mich, aber es mit einer Dublette dieses Fragebogens zu versuchen, wäre aussichtslos gewesen. Also sprach ich Margot Honecker zum Auftakt auf eine Begebenheit an, die ich gut kannte, die uns beide interessierte und die damals unter anderem in ihrer Zuständigkeit gelegen hatte. Es ging um die »DDR-Kids« von Namibia.

Die Ossis von Windhoek

Auf dieses Thema war ich während der Recherchen zu meiner kolonialgeschichtlichen Doktorarbeit in Namibia genauso zufällig gestoßen, wie sich mir die Gelegenheit zum Gespräch mit Margot Honecker eröffnet hatte. Tagsüber saß ich in namibischen Archiven über den Akten, und abends traf ich in Restaurants und Kneipen vor und hinter der Theke erstaunlich viele Ovambos und Hereros, die fließend Deutsch mit Mecklenburger Akzent sprachen. Im Land nannte man sie »DDR-Kids«, denn über 400 von ihnen waren vor Jahren mit Förderung und Zustimmung der Ministerin aus angolanischen Camps der marxistisch orientierten SWAPO (South-West Africa People's Organisation) in die DDR geholt und in Jugendeinrichtungen und Schulen in Bellin bei Güstrow und Staßfurt in Sachsen-Anhalt untergebracht worden. Ihre Eltern waren zum Teil im Kampf gegen die Südafrikaner gefallen, oder sie lebten im Exil oder waren an der Front.

Tatsächlich war Margot Honecker auf diese für die DDR finanziell teure, von 1979 bis 1990 fortgeführte Solidaritätsaktion nicht nur äußerst stolz, sondern sie war im Gegensatz zu manch anderem Thema hier auch sehr auskunftsfreudig und an meinen Eindrücken im

Umgang mit diesen jungen »DDR-Namibiern« während meiner Zeit in Afrika ehrlich interessiert. Pädagogisch einmalig war diese Solidaritätsluftbrücke vom südlichen Afrika direkt in die DDR darum, weil Schwarze aus einem sozialistischen Bruderland ihre Jugend hindurch sozialistisch mitten in Europa erzogen wurden. Sicher, die Kinder wurden auch von wenigen afrikanischen Erziehern begleitet, und es gibt Fotos, wie in einem zum Kinderheim umgebauten ehemaligen mecklenburgischen Schloss afrikanisch getanzt wurde. Aber Schulausbildung und Heimerziehung vollzogen sich ganz im Sinne der sozialistischen Volksbildung à la DDR.

Die humanitär positiven wie persönlich zuweilen bedrückenden Einschätzungen, die zwischen Dankbarkeit und Schmerz oszillierenden Erfahrungen und Erinnerungen der namibischen »DDR-Kids« kann man vielleicht am besten in dem autobiographischen Bericht *Kind Nr. 95 – meine deutsch-afrikanische Odyssee* von Lucia Engombe nachlesen, mit der meine Frau und ich befreundet sind. Lucia hat sich wie andere »DDR-Kids« in erwachsenen Jahren noch einmal zurückbegeben nach Bellin und zu den Orten ihrer Kindheit und Jugend in der DDR – mit sehr gemischten Gefühlen.

Und wie schätzte Margot Honecker dieses seinerzeitige Vorzeigeprojekt internationaler Solidarität im Rückblick in unserem ersten Gespräch im Jahr 2013 ein? Nun, sie stimmte freilich einen großen Gesang an auf die internationale Solidarität und die Schönheit der sozialistischen Ideale, von deren Geist die Waisenkinder schon in Afrika geprägt gewesen seien und in deren Geist man sie dann auch in der DDR erzogen habe – zwar in einer ganz anderen Kultur als der des Herkunftslandes, aber eben doch im Sozialismus, und das sei entscheidend gewesen und habe den Erfolg garantiert. Ich gab gerne zu, dass die DDR die Kinder vor heranrückenden Truppen des südafrikanischen Apartheid-Regimes in Sicherheit gebracht und ihnen auf diese Weise sehr viel Gutes getan hatte.

Aber habe es nicht bei dieser ganz eigentümlichen Verpflanzung, um nicht von Entwurzelung zu sprechen, auch große Probleme gegeben? Ja, die Hilfe für Menschen aus einem Kriegsgebiet war eine unbestreitbar große, humanitäre Leistung. Aber wie genau sei denn das Verhältnis von traumatisierten Kriegswaisen zu ihren auf Linientreue hin ausgewählten SED-Erziehern gewesen? Ich erinnerte mich an ein Gespräch mit Lucia Engombe in Windhoek, die christlich aufgewachsen war, der aber sehr schnell nach ihrer Ankunft ohne Eltern und Familie in Bellin klargemacht wurde, dass nicht die Konfirmation, sondern für die fast durchgehend christlich getauften namibischen Kinder einzig die Jugendweihe angestrebt wurde.

Und mit Verua, einer anderen jungen Frau, die mit dieser Gruppe über ein Jahrzehnt in der DDR gelebt hatte und die ich in der *Alten Brauerei* im Stadtzentrum von Windhoek kennenlernte, lachte ich gemeinsam über ein Foto ihrer Klasse, auf dem im Bildhintergrund eines der üblichen Banner mit dem Spruch »Alle Kraft zur Stärkung der Republik« zu lesen war, während vorne ein Ovambojunge ein kleines, aber lesbares Plakat mit der Aufschrift »Ich sitze hier und esse Speck.

Und wer mich lieb hat, holt mich weg.« mit ins Bild geschmuggelt hatte. Das erzählte ich Margot Honecker nicht, weil sie meinen Humor an dieser Stelle wahrscheinlich nicht geteilt hätte.

Nach meinem ersten Gespräch mit Margot Honecker bin dann auch ich nach Bellin gefahren. Heute ist das Schloss ein komplett renoviertes Privathotel, das im Alleingang von einer Nachfahrin des Erbauers geführt wird, jenes Henry Brarens Sloman, der auch das architektonisch einmalige Hamburger Chilehaus (mittlerweile UNESCO-Welterbe) verwirklicht hat. Und dieser Sloman hatte sein Vermögen als damals reichster Mann Hamburgs ausgerechnet in Chile unter anderem mit der Salpetermine »Gute Hoffnung« nahe der Atacamawüste gemacht, die ich während meiner Zeit bei Margot Honecker ebenfalls besuchte.

Im Schloss Bellin kam ich 2013 abends mit meiner ganzen Familie als geschichtsinteressierter Tourist an. Die Hausherrin öffnete uns sehr freundlich die Tür und danach rein zufällig einen chilenischen Rotwein just aus jenem Weinkeller in Santiago, den ich als Tourist besucht hatte, während ich 2013 einige Tage auf einen Termin bei Margot Honecker gewartet hatte. Wir setzten uns vor den großen Kamin in der hohen, holzvertäfelten Eingangshalle mit Blick auf die zum Park ausgerichtete Fensterfront. Über dem Kamin hing ein Ölbild von Henry B. Sloman.

Ja, das sei ja interessant mit meiner Verbindung nach Chile, und auch die Geschichte der namibischen »DDR-Kids« kenne sie nur zu gut. Die patente und an diesen historischen Themen interessierte Hanseatin wusste zu berichten, dass in den letzten Jahren neben Lucia noch zahlreiche andere junge Namibier dieses Haus ihrer Kindheit und Jugend besucht hatten. Ganz vorsichtig hätten manche den Fuß über die Schwelle gesetzt und seien überwältigt gewesen, als sie ihr nun ganz anders aussehendes und dennoch immer noch gewaltig wirkendes Stück Heimat in der DDR wiedersahen. Wie müssen diese hohen Räume und dicken Mauern auf so kleine Kinder gewirkt haben, die dort jeden Tag lebten und spielten? Vieles war aber auch so verändert, dass sie es gar nicht wiedererkannten. Die Gäste aus Afrika, so Frau Sloman, wirkten eher still als freudig beim Gang durch dieses Haus.

In der DDR hatte es Methode, die dem Adel, Fabrikanten und Großgrundbesitzern weggenommenen Anwesen als Kinderheime, Schulen und andere Gemeinschaftseinrichtungen zu nutzen. Das entsprach der Ideologie, die Margot Honecker in ihrem Buch mit Luis Corvalán mit Blick auf die Bodenreform so zusammengefasst hatte: »Es war eine höchst demokratische Maßnahme, denn es erhielten die den Boden, die ihn bis dahin als Knechte bearbeitet hatten.«[54]

Das entsprach wiederum dem Klipp-Klapp des Freund-Feind-Denkens, und gerade Schloss Bellin, erbaut von einem erfolgreichen Rohstoffhändler, widerlegte derlei Schematismen. Darüber konnte man mit Margot Honecker endlos streiten, nur leider ohne jede Verschiebung des Frontverlaufs.

Doch zurück nach Chile. Etwas anderes interessierte mich an diesem Nachmittag im Santiago des Jahres 2013 viel mehr: Warum zeigte die mit der SED befreundete namibische Partei SWAPO unter Sam Nujoma, der Margot Honecker doch ebenfalls gut kannte und immerhin noch 2005 nach Windhoek eingeladen und dort wie einen Staatsgast empfangen hatte, warum zeigte diese linksorientierte afrikanische Führung mit gesicherter absoluter Mehrheit keinerlei Interesse an ihrer in der DDR ausgebildeten sozialistischen Jugendelite?

Vielleicht weil die Kinder nach über einem Jahrzehnt in der DDR letztlich in beiden Gesellschaften ohne Wurzeln waren und mit ihren Großfamilien im heimatlichen Kraal im nördlichen Ovamboland oder im ärmlichen Windhoeker Township Katutura (übersetzt: »der Ort, an dem wir nicht leben möchten«) nichts anzufangen wussten? Weil sie in ihrer vermeintlichen afrikanischen Heimat, die sie kaum bewusst kennengelernt hatten, als gelernte Thälmann- und Leninpioniere keinen Halt mehr fanden?

Einige von ihnen hielten es nach ihrer nicht immer freiwilligen, durch das Ende der DDR erzwungenen Rückkehr nach Landung der *Interflug* in Windhoek im August 1990 keine Woche bei ihren ihnen fremden Verwandten aus. Einige verschwanden einfach. Einige kamen bei weißen namibischen Familien unter und legten ihre Schulabschlüsse bis zum Abitur an der Deutschen Höheren Privatschule (DHPS) in Windhoek ab. Sie gehörten nach dem Ende der Apartheid in Namibia nach 1990 zu den ersten Schwarzen mit einer solchen Qualifikation. Doch die entsprechend Qualifizierten unter ihnen kehrten mittelfristig nach Deutschland zurück, machten dort eine Ausbildung, heirateten und ergriffen einen Beruf, so wie mein Windhuker Sportkamerad

Andreas, der später bei *Radio Bremen* eine Sportsendung moderierte und im Journalismus in Deutschland Karriere machte. Lucia Engombe landete beim Deutschen Hörfunk der Namibia Broadcasting Corporation (NBC).

Von solchen Erfolgen dieser Kinder in Namibia und für die richtige politische Sache, davon wollte sie hören – etwa vom engagierten Windhoeker Anwalt Nixon, der sich unter anderem für landlose Farmarbeiter in Namibia engagierte. Oder gern auch von einer afrikanischen Ärztin, die schon in ihrer DDR-Klasse nur Einser hatte.

Von Selbstmorden, gescheiterten Lebensentwürfen, von Kleinkriminellen mit den für die deutschen Touristen beeindruckenden Sprachkenntnissen oder von der Behauptung eines der Kinder, durch ideologisch handverlesene Erzieher misshandelt worden zu sein, wollte sie nichts wissen. Da folgte sie der Palmström-Logik, nach der nicht sein kann, was nicht sein darf. Die DDR hat irgendwann in den siebziger Jahren auf eine Veröffentlichung der Selbstmordstatistik verzichtet. Das Leiden ihrer Bürger an der DDR hat sie damit nicht beendet. Sie gab nur eine weitere Probe für ein Denken, das Seismographen verbietet und glaubt, dann gäbe es keine Erdbeben mehr.

Mein Eröffnungsthema brachte uns also nur so lange voran, wie es um die schönen sozialistischen Ideale und das Hoch auf die internationale Solidarität ging. Alles für sie weniger Ersprießliche blockte Margot Honecker ab oder ignorierte es schlicht. Aber über die DDR-Kids kamen wir dann doch zum Bildungssystem der DDR im Allgemeinen, vor allem in unserem zweiten und dritten Gespräch 2015, nachdem sie mir ihr Buch *Volksbildung* übereignet hatte. Wir waren zumindest so vertraut und offen miteinander, dass ich fragen konnte, was sie anders machen würde, wenn sie noch einmal Volksbildungsministerin wäre. Wo sind Fehler gemacht worden? Was hätte besser laufen können?

Im Prinzip fiel ihr zu meiner Frage, was man hätte besser machen, nur wenig ein. Denn das DDR-System sei im Bereich elementarer Bildung ein sehr gutes gewesen, und die PISA-Ergebnisse in Sachsen und ihr frühes Interesse am finnischen Bildungssystem zeigten ja eindeutig, wie fortschrittlich man schon damals in ihrem Ministerium gedacht habe.

Aber eine Verbesserung, die falle ihr dann doch ein – und das zeigte mir, dass sie sich mit einem Blick in meinen Wikipedia-Eintrag auf unser Gespräch vorbereitet hatte und dementsprechende Zugeständnisse machte: Man hätte den Kindern fakultativ mehr über andere Religionen, über Ethik beibringen sollen. Sie hatte offenbar gelesen, dass ich als Universitätslehrer Ethik unterrichtete. Als ich nachhakte und fragte, an was sie da konkret denke, war klar, dass es ihr natürlich nur um Informationen über und nicht von Religionen ging: die Geschichte des Christentums (freilich mit Schwerpunkt Kreuzzüge und Hexenverbrennung) und Ethik – derlei sei womöglich zu kurz gekommen. Als ich am 25. Mai 2016 bei der Lektüre ihres Nachrufs auf der Webseite der KPD unter »Termine« klickte, wurde dort auf den 27. Mai 1527 verwiesen mit dem Eintrag »Thomas Müntzer ermordet«. Diese eher sozialrevolutionäre Seite der Reformation war es wohl, die auch

Margot Honecker in den DDR-Schulen noch stärker zu Gehör bringen wollte und bestimmt nicht Luthers Stellungnahme *Wider die räuberischen und mörderischen Rotten der Bauern* (1525). So war dann auch beim Thema Religion für jeden etwas dabei.

In einem Interview anlässlich Margot Honeckers Tod in der *Zeit* wird der bereits zitierte Klaus Huhn über deren Verhältnis zu den Kirchen befragt:[55]

ZEIT: Die Honeckers hatten nach dem Mauerfall bei einem Pfarrer Unterschlupf gefunden. Der war Opfer der DDR gewesen, seine Kinder hatten nicht Abitur machen dürfen. Hat das Margot Honecker zum Nachdenken gebracht?

HUHN: Sie war immer sachlich, realistisch – und übrigens nie gegen die Kirchen gewesen. Sie war nie dafür, die Kirchen zu verfolgen.

ZEIT: Aber das ist passiert. Kinder von Pfarrern zum Beispiel durften häufig nicht studieren oder überhaupt Abi machen.

HUHN: Ich kann nur sagen, dass der Pfarrer, bei dem die Honeckers 1990 Unterschlupf fanden, gut über sie gesprochen hat. Er hatte sogar den Wunsch, Margot Honecker in Chile zu besuchen.

Dieser Ausschnitt verdeutlicht: Intellektuell hatte Margot Honecker mit mir oder dem Kollegen Holmer als Theologen kein Problem. Im Gegenteil: Sie betonte stets, dass in der DDR Religionsfreiheit geherrscht habe. Aber, und das ist die immer wiederkehrende Janusgesichtigkeit: Obwohl sie ein Buch über Kirchengeschichte als bildungsinteressierte Person mit großem Interesse, wenn auch vielleicht politisch selektiv gelesen hätte,

hätte sie kein Problem damit gehabt, aktiv in der Kirche tätigen Menschen, die solche Bücher schreiben, ein Berufsverbot zu erteilen und deren Kinder nicht zum Abitur zuzulassen.

Dieses doppelte Gesicht zeigte sie in all unseren Diskussionen über Bildung: Sie kannte mich und meine Herkunft und wurde darum nicht müde zu betonen, wie gut das DDR-Bildungssystem Abiturienten in Mathe und Chemie, Geographie und sogar Astronomie vorbereitet hatte. Dass dieser Ausflug zu den Sternen allerdings nur Schülern ermöglicht wurde, von denen Linientreue, die Teilnahme am Wehrkundeunterricht, Jugendweihe und Engagement in der FDJ erwartet wurden, dazu sagte sie mir gegenüber nichts und blendete es komplett aus. DDR-Lehrerzimmer zählten zu den stabilsten SED-Milieus überhaupt, und das ist kein Zufall: Die Ministerin für Volksbildung wusste, dass man den Kampf um die Jugend gewinnen musste, wenn man Macht sichern und den Sozialismus in Deutschland verstetigen wollte. Das war ihr oberstes Ziel in 26 Ministerjahren. Entsprechend genau wählte sie ihr pädagogisches Personal nach politischen Kriterien aus.

Am Ende hat sie ihr Ziel nicht erreicht. Dieselben Menschen, die von der Wiege bis zur Bahre indoktriniert wurden, gingen auf die Straße und skandierten »Wir sind das Volk«. Die »Massen«, von denen die SED immer so gern redete, schoben das Regime friedlich beiseite, als sie spürten, dass es innerlich am Ende war. Sie sehnten sich nach Freiheit und nach materiell besseren Verhältnissen. Wenn das Sein das Bewusstsein bestimmt, wie das Margot Honecker mit Karl Marx ja glaubte, dann hatte die trostlose Realität der DDR und ihrer Partei- und Staatsführung bei den Massen wirklich ganze Arbeit geleistet.

Von Persönlichkeiten und Personen

Ich möchte hier unsere Gespräche über Personen, die Margot Honeckers Lebensweg kreuzten, nicht biographisch-chronologisch ordnen, sondern den einen Menschen an den Anfang stellen, über den Margot Honecker mir gegenüber nur Gutes zu sagen hatte und der nach meinem Eindruck als einziger von allen, über die wir sprachen, Zugang zu ihrem Innenleben, ihrer Seele gefunden hat.

Der gute Mensch von Lobetal

Diesen einzigartigen Einblick in das Leben und Denken der Honeckers bekam über Monate jener Amtsbruder, der den beiden in einer der wohl extremsten Phasen ihres Lebens Schutz bot: der Mecklenburger Pastor Uwe Holmer, damals diakonischer Leiter der Hoffnungstaler Anstalten Lobetal. Holmer ist Jahrgang 1929 und damit ungefähr so alt wie Margot Honecker. Nach ihm fragte ich sie im Exil, und ich kontaktierte ihn für die Recherche zu diesem Buch. Denn ausgerechnet jener Pfarrer, dessen zehn Kinder zu DDR-Zeiten wegen seines Berufes kein Abitur machen konnten, gewährte den

Honeckers vom 30. Januar bis zum 3. April 1990 Asyl, weil niemand anderes dem schwer an Krebs erkrankten Honecker mit seiner Frau nach seiner Entlassung aus dem Krankenhaus Schutz und Obdach gewähren wollte.

Holmer bekam für seinen Akt der Barmherzigkeit Schmähbriefe und sogar Bombendrohungen, doch das hat ihn nicht beirrt. Er hat ein Buch über jene Zeit geschrieben.[56] Er spricht darin gut von Margot Honecker, und sie tat es über ihn.

Zum 1. Februar 1990 sollte die Funktionärssiedlung Wandlitz aufgelöst werden, und wie aus dem Nichts gab ihm seine Kirche die Anfrage des legendären Rechtsanwalts Wolfgang Vogel weiter, ob er den frisch operiert aus dem Krankenhaus entlassenen Erich Honecker mit seiner Frau am Abend des 30. Januar 1990 bei sich im Haus und damit auch im Schutz der von ihm geleiteten diakonischen Einrichtung nahe Berlin aufnehmen könne. Holmer wunderte sich, wie ausgerechnet er zu dieser »Ehre« komme, sagte aber nach Rücksprache mit seiner Frau und den Mitarbeitern seiner Kirche zu, wohl wissend, damit zur Zielscheibe des Volkszorns zu werden. Seine Söhne Traugott und Cornelius räumten ihre Zimmer für die überraschenden Hausgäste.

Theologisch begründet Holmer sein damaliges Handeln damit, dass auch Jesus von Nazareth alle eingeladen habe und dass Pastor von Bodelschwingh Lobetal schließlich für die Berliner Obdachlosen gegründet habe, um dann zu dem verblüffend einfachen Fazit zu kommen: »Nun war Honecker auch ein Berliner Obdachloser.«[57] Gleich nach Ankunft der sehr speziellen Gäste warteten in Holmers Büro zwei Bild-Reporter, die die wirklich wichtigen Dinge herausbekommen wollten:[58]

»Sie beten doch bei Tisch?«, fragten sie. Ich: »Ja, selbstverständlich.« Die Reporter: »Hat Honecker mit gebetet?« Ich: »Ich pflege meine Gäste beim Beten nicht zu beobachten.« Am nächsten Tag stand in der Bildzeitung: »Holmer hat gebetet – Honecker hat Amen gesagt«, nach meiner Erinnerung unter der Überschrift: »Honi lernt beten.«

Obgleich ich Honeckers versicherte, dass ich das nie sagen würde und sie mir auch glaubten, wirkten sie doch danach bei Tisch zurückhaltender. Nach einigen Tagen schufen wir für Frau Honecker die Gelegenheit, oben selber zu kochen, damit sie ihrem Mann Krankenkost machen und sich nicht nach unserer Essenszeit richten musste. Mit der Zeit entwickelte sich zwischen den Honeckers und uns ein gewisses persönliches Verhältnis. Man kann nicht zehn Wochen mit Menschen unter einem Dach wohnen und einander fremd bleiben, zumal wenn man von außen bedrängt wird. Wo Vergebung geschehen ist, wird der Weg frei zu einem normalen Verhältnis.

Erstaunlich an Pastor Holmers Erinnerungen in *Der Mann, bei dem Honecker wohnte* ist, dass die Zeit mit den Honeckers in einem über 200 Seiten langen Buch kaum 22 Seiten einnimmt und das obige Zitat fast das einzige ist, was er zu seiner Zeit mit seinen beiden Gästen mitteilt. Natürlich mag ihm als Pfarrer die Frage nach der Vergebung und die Reaktion seiner Mitmenschen auf diese Entscheidung, in Lobetal ein solches Asyl zu gewähren, wichtiger sein. Aber immerhin lebten sie unter seinem Dach. Nun, Pastor Holmer ist Theologe, nicht Historiker. Er beschreibt als Seelsorger die Honeckers als »normale, umgängliche Menschen« und hat auch nach der Lobetaler Episode brieflich lockeren Kontakt mit ihr gehalten.

Nach ihrem Aufenthalt in Lobetal kamen die Honeckers ins sowjetische Militärspital Beelitz und wurden einige Monate später von dort im März 1991 nach Moskau ausgeflogen. Von der dortigen chilenischen Botschaft, in die sie sich geflüchtet hatten, reiste Margot Honecker im Juli 1992 ins chilenische Exil, während ihr Mann zunächst von Russland an die deutschen Behörden ausgeliefert wurde und erst nach der Eröffnung seines Moabiter Prozesses nach Chile ausreisen und in La Reina ab Januar 1993 seine letzten Monate mit seiner Frau verbringen konnte.[59] Dort starb er am 29. Mai 1994.

Über das eigentümliche Kirchenasyl in Lobetal bei den Holmers hatte ich gelesen. Und nun ergab sich die Möglichkeit, mir aus Margot Honeckers Sicht erneut schildern zu lassen, was Pastor Holmer in seinen Erinnerungen so zurückhaltend geschildert hat. Sie erinnerte sich an diesen Lebensabschnitt so: Sie und ihr Mann seien wirklich dankbar gewesen, dass die Holmers sie in einer Zeit aufnahmen, als vermeintlich solidarische »Genossen«, die doch viel eher die moralische und politische Verpflichtung gehabt hätten zu helfen als ein Vertreter der vom DDR-Staat bekämpften evangelischen Kirche, keinen Finger für sie krumm machten.

Ja, sie habe mit ihrem Mann vor dem Nichts gestanden, als seine Entlassung aus dem Krankenhaus bevorstand und bekannt gemacht wurde, dass die »Waldsiedlung« im Ortsteil Wandlitz (so das Ortseingangsschild) demnächst (im Februar 1990) geschlossen werde. Und ja, sie sei Pastor Holmer bei allen ideologischen Unterschieden zutiefst dankbar gewesen für seine ausgestreckte Hand aus einer gänzlich unerwarteten Richtung.

Dass der einst höchste Vertreter der DDR in so einer Situation faktisch niemanden mehr hatte, der sich persönlich für ihn einsetzte und dass Holmer bereit war, das damit verbundene, sehr reale Risiko einzugehen, öffentlich an den Pranger gestellt zu werden, überraschte mich dann doch.

Ich entschloss mich darum, Uwe Holmer zu Margot Honecker zu befragen, und rief ihn nach meinem letzten Besuch in Chile daheim in Mecklenburg an. Der freundliche Mann war auch sofort bereit, mir zu erklären, warum in seinem Buch zwar einiges zu den Begleitumständen dieses eigenwilligen Kirchenasyls steht, aber vergleichsweise wenig zu den politischen Inhalten seiner Gespräche mit den Honeckers, obwohl die doch über zwei Monate mit ihm und seiner Familie gelebt hatten.

Als Amtsbruder fragte ich ihn, ob seine Diskretion über die Gesprächsinhalte etwas damit zu tun habe, dass er den Honeckers letztlich in einer seelsorgerischen und damit vertraulichen Situation begegnet war. Holmer verneinte: Der Grund sei vielmehr gewesen, dass man über Politik von beiden Seiten bewusst sehr wenig geredet habe. Ich müsse mir klarmachen, dass die Situation in einem von Demonstranten belagerten Pfarrhaus eine andere Gesprächssituation gewesen sei als die meine in Chile. Die Honeckers kamen faktisch obdachlos und bedroht. An anderer Stelle sagte Uwe Holmer, er habe es zudem beim schwer erkrankten Honecker mit einem ihm erinnerlichen Satz Martin Luthers gehalten, den der Reformator einmal gesagt haben soll, als er von der schweren Erkrankung seines Erzgegners, des Ablasspredigers Johann Tetzel, gehört haben soll: »Wenn mein Feind krank ist, ist er nicht mehr mein Feind.«

Weil die Honeckers um die Einstellungen des Pfarrers wussten, wollten sie diesen mit kontroversen politischen Ansichten wohl nicht »vergrätzen«, wie er das ausdrückte – und er habe sich nicht richtig getraut, seine Hausgäste zu stellen. Unsere Erfahrungen mit Margot Honecker waren dabei ganz ähnlich: Auch er hat sie im persönlichen Umgang als bescheiden und genügsam, als ausgesprochen ordentlich und korrekt erlebt.

Während er Erich im Vergleich zu ihr als weniger klugen, aber sensiblen Menschen wahrgenommen hatte, schätzte er in unserem Telefonat Margot Honecker nicht als intelligent, wohl aber in einem praktischen Sinne als klug ein. Ich nannte das »bauernschlau«. Erich Honecker, so Holmer, sei konzilianter als sie gewesen und sei »kein grausamer, sondern ein sensibler Mensch gewesen«, der selber niemanden getötet hätte, aber gleichzeitig mit seiner Frau »fanatisch« genug gewesen sei, derartig an den Sozialismus zu glauben, dass beide die im Namen des Sozialismus begangenen Grausamkeiten und Verbrechen nicht nur rechtfertigten, sondern weiterhin für richtig hielten.

Margot Honecker hingegen sei zwar auch freundlich, aber insgesamt resoluter gewesen als ihr Mann. Sie habe sich um ihren kranken Mann rührend gekümmert und im ersten Stock für ihn gekocht, zudem das für zwei Verwundete der beste Weg schien, einander zu stützen. Gemeinsam erlebte, massive Anfeindung sei selbst in einer problematischen Ehe zuweilen ein sehr starkes Band. So war das in Lobetal, und so war das in Chile. Pfarrer Holmer hat nie erlebt, dass sich die Eheleute gestritten hätten.

Die Honeckers waren zwar stets bemüht, den Holmers nicht mit ihren politischen Ansichten zu nahe zu treten, aber als der Theologe bei einem Gang mit Erich Honecker um den nahe gelegenen See dann doch einmal über Politik sprach, indem er betonte, wie viel er von Gorbatschow halte, da verfinsterte sich Honeckers Miene, und er zischte: »Wieso?«

Holmer betonte, dass das einer der ganz wenigen Momente gewesen sei, in denen die Politik in dieser Konstellation überhaupt zum Thema wurde, weil er schnell gemerkt habe, dass es völlig sinnlos war, bei diesen Hausgästen auf irgendeine Form von Einsicht oder Reue zu hoffen – wie das Theologen gemeinhin tun, wenn sie mit Menschen reden.

Besonders Margot Honecker vermochte als geübte Politikerin Stimmungen zu erspüren. Sie wusste mit Situationen und Menschen umzugehen. Als Rechtsanwalt Vogel einmal den Versuch wagte, die Honeckers nach acht Wochen im Pfarrhaus bei Familie Holmer in einem Regierungsbungalow in Lindow (Ostprignitz) in ein neues Quartier zu bringen, war das Paar wegen der demonstrierenden Menge vor ihrem neuen Haus nach weniger als zwei Tagen gezwungen, diesen gut gemeinten Versuch abzubrechen. Sie landeten wieder bei den Holmers vor der Tür, und Margot Honecker begrüßte den Pfarrer mit dem wahrscheinlich sehr aufrichtigen Satz: »Wir sind froh, wieder hier zu sein.« Und Uwe Holmer erinnert sich, dass dann Margot Honecker von ihren Erfahrungen mit dieser Menschenansammlung in Lindow berichtet habe, die selbst ihr Angst gemacht hätte. Sie habe bei sich gedacht: »Ich sehe die Menge toben, und Frau Holmer betet.« So sagte sie es Pfarrer Holmer, und er berichtete mir davon in unserem Telefonat. Das war gewiss nicht als Ausdruck des Vertrauens in die Kraft von Gebeten gemeint, sondern lässt sich nur als Zeichen der Dankbarkeit dafür verstehen, sich nicht gänzlich verlassen zu wissen und Trost darin zu finden, dass ein anderer Mensch an sie dachte und ihr Gutes wünschte. Als Frau Holmer einmal das Putzen der Treppe unterbrach, um die protestierenden Menschen draußen am Gartentor vorm Pfarrhaus zu beruhigen, putzte Margot sofort für ihre Gastgeberin weiter und versuchte gleichzeitig, all dies von ihrem Mann fernzuhalten, der ohnehin am Ende gewesen sei, so Holmer, weil er sehen musste, wie ihm sein ganzes Lebenswerk »Sozialismus« durch die Finger rann. Margot Honecker mag seelisch gepanzert gewesen sein – jene Tage im Pfarrhaus sind ihr dennoch zu Herzen gegangen.

Uwe Holmer und Margot Honecker blieben bis zum Schluss in lockerem Briefkontakt, und als er ihr sein Buch schickte, wohlwissend, dass sie inhaltlich in vielem anderer Meinung sein würde, antwortete sie ihm in ihrem Brief: Ihre Ziele seien letztlich gar nicht so unterschiedlich, denn »der Friedenswille verbindet uns«. Auch erhielt Pfarrer Holmer bis zum Schluss Weihnachtskarten und Briefe aus Chile, das letzte Mal Anfang Januar 2016. Briefe, die mehr als einmal mit dem Gruß »Ihre dankbare Margot Honecker« endeten.

Auch er fragte einmal weit nach den Ereignissen in Lobetal Margot Honecker, ob es nicht an der Zeit sei, dass sie sich in irgendeiner Form von den Verbrechen Stalins distanziere – und wartete wie ich vergeblich auf Einsicht. Doch auch er hatte, wie auch ich, einen gewissen Respekt vor der Bescheidenheit und Authentizität, mit der diese Frau den Sozialismus nicht nur glaubte, sondern lebte – allerdings im klaren Wissen, dass eben diese unglaubliche Konsequenz es war, mit der sie unbeirrt und systematisch Biographien in der DDR zerstört hat.

Hat Pastor Holmer den Honeckers nur seine Hand hingehalten oder auch seine andere Wange? Seine zehn Kinder hatten trotz exzellenter Schulnoten nicht studieren dürfen, weil sie qua Herkunft verdächtig waren, nicht auf dem richtigen Klassenstandpunkt zu stehen. Hatte es deshalb Holmer Überwindung gekostet, die für diese Diskriminierung verantwortliche Ex-Ministerin aufzunehmen? Hatte es die Ex-Ministerin Überwindung gekostet, eine Art Kirchenasyl zu beanspruchen?

Ich fragte sie, wie sie es denn als Ministerin für Volksbildung beurteile, dass keines der Kinder von Pastor Holmer trotz laut dessen Aussage »bester Leistungen« den Weg zum DDR-Abitur beschreiten durfte. In offensichtlich gespielter Naivität wies sie darauf hin, dass sie von diesem konkreten Fall keinerlei Kenntnis gehabt habe, um sich dann zu der Aussage zu versteigen, dass außerdem eine Beschwerde von Pastor Holmer dazu ja nie auf ihrem Ministerschreibtisch gelandet sei.

Und wenn schon, hielt ich dagegen, sie habe doch als Ministerin entscheidend und systematisch die Bedingungen dafür geschaffen, dass Familien wie den Holmers der Zugang zu höherer Bildung in der DDR verwehrt wurde. Sie wechselte in ihr übliches Argumentationsmodell, indem sie den Einwand ignorierte und die Fragestellung änderte: Wie hätte das denn bitte schön gehen sollen, so vielen Kindern aus nur einer Familie den volkswirtschaftlich hart erkämpften und damit privilegierten Zugang zu höherer Bildung zu ermöglichen? Ich erwiderte, dass *kein einziges* der zehn Kinder des Pfarrers zum Abitur zugelassen worden sei. Keine Jugendweihe, keine FDJ, keine Wehrertüchtigung, ergo nach SED-Logik: auch kein Abitur.

Sie wiederholte, davon wisse sie nichts, und er hätte sich ja beschweren können, aber: »Ich kannte keine Beschwerde von Pfarrer Holmer.« Seine Kinder hätten am Ende doch im Westen studiert oder an kirchlichen Einrichtungen: »Aus allen ist was geworden.« Und überhaupt: Sei Holmer nicht sogar aktives Mitglied der Block-CDU gewesen? Das alles erinnerte mich an die perversen Logiken, wie sie Joseph Heller in seinem Roman über den Zweiten Weltkrieg *Catch-22* schildert. Ich merkte einmal mehr, dass hier irgendwann argumentativ nicht mehr weiterzukommen war – davor hatte auch Enkel Roberto in seinen eigenen Interviews hinsichtlich seiner Großmutter schon gewarnt. Der *Zeit* sagte er in einem Interview im Jahr 2011, dass er mit seinem Großvater, so der noch lebte, wegen der Mauer und all der anderen Repressionen streiten würde, während er bei seiner Großmutter, die er über all die Jahre in Chile viel besser kennengelernt hat, zu der Erkenntnis gekommen sei, dass das keinen Sinn ergebe: »Ich spreche manchmal Dinge an, aber es ist schwierig mit ihr. Sie hat ihre Auffassungen. Sie steht zum Kommunismus in einer Weise, die mir nicht gefällt. Sie ist sehr stur.«[60]

Auch ich wechselte darum wieder einmal das Thema, um an anderer Stelle tiefer zu schürfen. Vor meinem letzten Gespräch mit Margot Honecker riet mir mein Lehrer Richard Schröder: »Fragen Sie sie doch einfach mal, wie sich ihre Haltung zum Stalinismus seit den fünfziger Jahren über all die Jahre und Jahrzehnte verändert habe.« Ich stellte die Frage und erhielt die erwartbare, im Grunde niederschmetternde Antwort: Gewiss, gewiss, die Geschichte sei bunt und vielfältig, aber die Partei habe immer recht, und deren Linie sei immer richtig, und sei es um den Preis von zig Millionen Toten. Von denen seien bestimmt auch manche persönlich sehr sympathisch gewesen, so wie die Familie Holmer. Aber es gehe beim Aufbau des Sozialismus nicht um Sympathien und persönliche Gefühle oder gar Ethik, sondern es gehe um klare, prioritär politische Ziele, kurz: um den Aufbau des Sozialismus. Für den seien in der entwickelten DDR längst nicht mehr so schlimme Maßnahmen nötig gewesen wie zu Stalins Zeiten (und dank Stalins Zeiten), aber selbst so sympathischen Menschen wie den Holmers die Bildung seiner begabten Kinder zu verweigern, das sei eben doch noch geboten gewesen. So ging ihr Argument.

Übrigens interessant: Margot Honecker unterschied in unserem letzten Gespräch explizit und ganz scharf zwischen politischen und ethischen Kategorien. Und wenn man sich ihr Leben und die darin getroffenen politischen Entscheidungen näher betrachtete, ging das wahrscheinlich auch gar nicht anders. Hätte bei ihr Politik auch nur irgendetwas mit basaler Ethik zu tun (etwa mit der einfachen »Goldenen Regel« aus dem Matthäus-Evangelium: »Alles nun, was ihr wollt, dass euch die Leute tun sollen, das tut ihr ihnen auch«), wie – um Himmels willen – hätte sie Misshandlungen in »Jugendhöfen« legitimieren können, durch die zwischen 1949 und 1990 ca. 400 000 Kinder und Jugendliche in der DDR gehen mussten, um dort »zum sozialistischen Idealmenschen geprügelt« zu werden, wie es die *Süddeutsche Zeitung* einmal formulierte?[61]

Und auf den Befehl »Sag mir, wo du stehst« hätten eben Konfirmanden und Bausoldaten und ähnlich unsichere Kantonisten ihre Antwort gegeben – und mit den Konsequenzen leben müssen. So sah das Margot Honecker.

Ein Pfarrer mit 47 Enkelkindern, Tendenz steigend, der kann vergeben und den Honeckers beim Abschied am 3. April 1990 sagen: »Frau Honecker, Herr Honecker, wir beten für Sie.« Eine Stalinistin kann das nicht, und sie will es auch nicht. Auf ihre Weise sind beide konsequent. Aber nicht beide sind in ihrem Umgang mit ihren Nächsten human.

Gregor Gysi und die »Generation Krenz«

Gregor Gysi war neben Gorbatschow in unserem letzten Gespräch derjenige, der bei Margot Honecker das wohl stärkste Gefühl der Ablehnung auslöste. Auf den Punkt gebracht: »Ich halte nischt von ihm, habe nie was von ihm gehalten.« Der sei »von Anfang an in Richtung Sozialdemokratie gefallen«. Er habe »zu DDR-Zeiten als Rechtsanwalt brilliert und plötzlich taucht er auf. (...) Da standen auch andere dahinter.« – Womit wir uns dann auf der Ebene von Verschwörungstheorien befanden. Wer diese sonderbare wie verbitterte Einstellung zumindest nachvollziehen will, der muss sich an die Ereignisse im Januar und Februar des Jahres 1990 erinnern.

Während Erich Honecker an der Berliner Charité ein Tumor an der Niere entfernt wurde und die Honeckers ab 30. Januar 1990 ohne das kirchliche Asyl in Lobetal quasi obdachlos gewesen wären, war Gregor Gysi am 20. Januar 1990 damit beschäftigt, 14 Spitzenfunktionäre der SED aus der von ihm geführten SED-PDS, die sich auf dem Weg zur PDS befand, aus der Partei auszuschließen. Unter ihnen war auch Egon Krenz, der aber – aus Sicht der Honeckers zutiefst enttäuschend – monierte, dass er in eine Reihe mit ebendiesen Honeckers gestellt würde.[62]

Und der in ihrem Bildungssystem aufgestiegene Rechtsanwalt Gregor Gysi musste ihr noch illoyaler und opportunistischer erscheinen, wenn er am 23. Januar 1990 durch Aktionen wie die Demontage des Parteisymbols der ineinandergreifenden Hände am Haus des Parteivorstandes sich von der alten Führungselite abzusetzen versuchte. Quasi mit Händen zu greifender Verrat an der ruhmreichen Partei! Der Historiker Thomas Kunze, der sich mit den letzten Tagen Erich Honeckers als Staatchef intensiv beschäftigt hat, kommt zu dem Fazit: »Es ist kaum zu vermitteln, daß Honecker & Co. allein die Schuld am Kollaps der DDR getragen haben sollen. Die SED-Nachfolgerin gibt in der Rolle des Richters über die ehemals eigene Führung ein eher schäbiges Bild ab.«[63]

Mir stellte es sich so dar: Margot Honecker machte in unseren Gesprächen über Gysi und Krenz den Eindruck, dass sie genau diese Einschätzung von Thomas Kunze teilte. Zwei Dinge fielen gerade bei solch harschen Urteilen über Personen auf:

Erstens: Als bekennende Stalinistin, die sich politisch auf Genossen verlassen können wollte (aber nicht tat), um Klassenfeinde zu bekämpfen, war Loyalität um jeden Preis ein besonders hoher, da politisch unverzichtbarer Wert für sie. Eben darum besonders verwerflich war die von ihr wahrgenommene Illoyalität der »Genossen« Gysi und Krenz Anfang 1990, und zwar deshalb, weil beide wissen mussten, dass solche Positionierung die Abwendung der DDR-Bürger von den Honeckers noch beschleunigen würde – und womöglich genau das intendierten.

Zweitens: Margot Honecker erschien mir durchgängig ein ausgesprochen nachtragender Mensch zu sein – was auf tiefe Verletzungen schließen lässt. Sie hatte im Wendeherbst in SED-Kreisen so manche Maske fallen sehen – was sie eigentlich nicht hätte überraschen sollen. Hierbei muss man sich verdeutlichen, dass die von vielen gewünschte politische »Wende« des November 1989 für Margot Honecker explizit nichts anderes war als eine »Konterrevolution«, in deren Fortschreiten die DDR am Ende auf dem »Altar des Europäischen Hauses geopfert wurde«.[64]

Die daraufhin von Gregor Gysi eingeleitete »Wende« der SED zur Partei des Demokratischen Sozialismus (PDS) kritisierte sie ähnlich scharf, und das nicht etwa, weil die neue Parteiführung so gar keine Anteilnahme am Schicksal der Eheleute Honecker nahm, geschweige denn für eine akzeptable Unterkunft sorgte, sondern weil sie diese Wende für unaufrichtig und ehrlos hielt – entsprechend scharf ihr Urteil über Gregor Gysi.

Von Menschen wie Egon Krenz fühlte sie sich persönlich enttäuscht – der hatte es für sie allzu eilig gehabt, so zu tun, als wäre er schon immer in einer Art innerem Widerstand gegen Erich Honecker gewesen. Da hatte sie seine Haltung aus Schönwetterzeiten ganz anders in Erinnerung. Illoyalitäten, die merkte sie sich und trug sie nach. Darum hatte sie Probleme mit der Generation Krenz, die Ende 1989 an die Macht gespült wurde.

Als wir 2015 auf das Bildungssystem der DDR und die Ausbildung ihrer Eliten, ihrer Lehrer, Ärzte, aber eben auch ihrer politischen Eliten zu sprechen kamen, erzählte ich Margot Honecker von meinem Eindruck, den ich nach dem Abhören der Tonbandmitschnitte der letzten Sitzungen des implodierenden Zentralkomitees unter Egon Krenz im November 1989 gewonnen hatte: dass dort eine völlig überforderte und wenig kompetente politische Elite erfolglos versuchte, die Zügel wieder in die Hand zu bekommen.

So war von Sitzungsteilnehmern zu hören, dass sie nachts in Weinkrämpfe ausgebrochen seien, oder es wurden irgendwelche Witze und Anekdoten erzählt, und der bereits erwähnte Bernhard Quandt forderte gar fürs Politbüro die Wiedereinführung der Todesstrafe, während die Vertreterin der Kreisleitung Reichenbach, Christa Hermann, in der schwersten und finalen Krise ihres Staates im ZK irgendetwas von einer dringend notwendigen, subsidiären Neuordnung der effektiven Einzelhandels- und Großhandelsbeziehungen erzählte, da Gurken im Spreewald bekanntlich besser wüchsen »als in unserem schönen Vogtland« – Panikgeschnatter auf dem sinkenden Staatskahn.

Kurz: Anders als die zu allem, wirklich allem entschlossene Generation Keßler, Mielke, Honecker schienen hier nun überforderte Kader die Macht übernommen zu haben, und ich bezog mich ausdrücklich auf Egon Krenz. Erstaunlicherweise widersprach Margot Honecker dieser Einschätzung nicht. Im Gegenteil, sie lieferte sogar eine Deutung, warum dies so gewesen sei: All diese Leute der zweiten Reihe, der nachkommenden »Generation Krenz«, die seien – anders als etwa der noch zu DDR-Zeiten (gerüchteweise, da amtlich weder dementiert noch bestätigt, an den Folgen seines 75. Geburtstages verstorbene) Verteidigungsminister a. D. Armeegeneral Heinz Hoffmann oder selbst der von ihr nicht sonderlich geschätzte Erich Mielke (das beruhte wohl auf Gegenseitigkeit) – eben nicht durch das »Feuer des Antifaschismus« gegangen.

Ihr Mann Erich hatte als Kommunist im Zuchthaus gesessen, ihr eigener Vater im Konzentrationslager Buchenwald. Viele andere deutsche Kommunisten der ersten Stunde wie Heinz Hoffmann hatten im Spanischen Bürgerkrieg ihre Feuertaufe erhalten und wurden als Kader in und von Moskau ausgebildet, wo auch eine Atmosphäre der Furcht und des Alarmismus herrschte. Sie selbst war in Nazi-Deutschland für den kommunistischen Untergrund tätig gewesen und hatte dabei nicht weniger als ihr Leben riskiert. All diese Kommunisten hatten noch eine Zeit erlebt, in der, mit den Worten des Stalinisten Bernhard Quandt vorm ZK, unter dem »Blutgericht Freisler« 30000 Genossen »aufrechten Ganges unters Fallbeil« gegangen sind. Sie hatten Fronterfahrung und dadurch gelernt, wie hart zurückgeschlagen werden musste, wenn der Kommunismus wirklich bedroht war.

Und diese so existenzielle Erfahrung war es aus ihrer Sicht, die Karrieristen wie Krenz und Gysi eben komplett fehlte. In deren Adern floss Tinte, nicht Rotarmistenblut. Sie waren bestrebt, eine entkernte DDR zu bewahren, einer entkernten SED vorzusitzen, im neuen System auch dabei zu sein. Das war aus Sicht von Margot Honecker enttäuschend wenig, mitleiderregend wenig, erbärmlich wenig.

Wir alle können froh sein, dass 1989/90 Tinte floss statt Blut. Aber es klingt nachvollziehbar, in sich stimmig, typgerecht und unverbogen. Für sie als Stalinistin war seit der Inhaftierung ihres Vaters im KZ Buchenwald immer und ganz genau klar, wer der Feind war und wo er stand. Doch je erfolgreicher ihre Politik in den sechziger Jahren wurde und je etablierter und ruhiger es sich in der DDR leben ließ, desto mehr verloren die Nachgeborenen die Fähigkeit, eine etwaige »Konterrevolution« zu erkennen und rücksichtslos niederzuschlagen, um die DDR nach innen und außen zu schützen.

Margot Honecker hat, so scheint es mir, nie jenes extreme Freund-Feind-Denken ablegen können, das anzulegen für sie in der NS-Zeit richtig und überlebensnotwendig gewesen war. Genau darum verteidigte sie noch Mitte 1989 eine »Erziehungsrichtlinie«, wonach der Sozialismus notfalls »mit der Waffe in der Hand« zu verteidigen sei.[65] Krenz und seinen Altersgenossen fehlte dazu aus ihrer Sicht die Härte, während sie Gregor Gysi schon darum nie mochte und »nischt von ihm« hielt, weil er aus ihrer Sicht nach 1989 »von Anfang an in Richtung Sozialdemokratie gefallen« sei. Am 4. Februar 1990, dem Tag, als sich die SED-PDS in »Partei des Demokratischen Sozialismus« umbenannte, trat sie aus der Partei aus. Demokratie war für sie, die an die Diktatur des Proletariats glaubte, keine Option. Da war sie wieder konsequent – wie eigentlich mit allem.

Von der Sowjetunion lernen heißt siechen lernen

Vielleicht war das auch einer der Gründe, warum Margot Honecker Gorbatschow so verachtete. Er stand für sie im Ruch der Konterrevolution, denn hatte er nicht aus der Herzkammer der Sowjetunion heraus deren Niedergang und Zerstörung angezettelt? War nicht er es gewesen, der spätestens nach seinem Berlin-Besuch aus Anlass des 40. Jahrestages der Republik im Oktober 1989 die DDR fallen gelassen und dafür gesorgt hatte, dass die Panzer der Roten Armee in ihren Kasernen blieben, statt die Aufrührer auf den Straßen von Plauen, Leipzig und Berlin niederzurollen, wie das doch die KP der Chinesischen Volksrepublik so erfolgreich vorexerziert hatte?

Auf meinen Widerspruch, es habe sich ja doch wohl in Leipzig und überall um friedliche Bürger gehandelt, die allenfalls Kerzen und Plakate trugen und die nichts weiter geltend gemacht hätten als ihre gottgegebene Freiheit und Rechte, die selbst die DDR-Verfassung – zumindest auf dem Papier – verbriefte, reagierte Margot Honecker mit mephistophelischer Kälte: Nicht friedfertige Revolutionäre für die Freiheit seien die Demonstranten gewesen, sondern vom Westen ferngesteuerte, von törichten Konsumversprechen Verblendete, undankbare Subjekte. Der Duktus, mit dem sie über ihre Mitbürger redete, war ganz ähnlich dem in ihrem ARD-Interview aus 2012, in dem sie die Maueropfer als »dumm« bezeichnete. Sie hielt all die Demonstranten, die 1989 in Leipzig über den Stadtring gewaltlos zur Stasizentrale an der »Runden Ecke« vorbeigezogen waren und dort Kerzen hingestellt hatten, für ebenso dumme wie fremdbestimmte Ignoranten.

Niemals hätten die den Umsturz herbeiführen können, wäre die Macht weiter aus den Gewehren und Kanonenrohren gekommen. Aber das hatte Michail Gorbatschow eben verhindert, und das war sein unverzeihliches Verbrechen an der Sache des Sozialismus.

Noch schärfer wurde ihr Urteil, wenn es um Raissa Gorbatschowa ging.

Bereits auf den ersten Blick konnten die beiden Frauen unterschiedlicher nicht sein. Die eine war eine junge, elegante, gebildete Philosophin, die andere eine Diktatorengattin, die selber spürte, dass sie 1989 ihren Zenit überschritten hatte. Darum mied sie ihre sowjetische Rivalin, wo es ging, und rief laut Aussage ihres Fahrers, als sie Raissa beim Gorbatschow-Reagan-Gipfel 1987 in Reykjavík sah: »Was haben die Weiber da zu suchen, wo über Weltpolitik entschieden wird?«[66]

Ich unterstelle: Sich selbst hätte sie dort durchaus am rechten Platz gesehen, denn sie war eben immer mehr als nur Dekoration gewesen. Sie selber war schließlich jahrzehntelang aktive Genossin. Es sind einige etwas gehässig wirkende Bemerkungen Margot Honeckers überliefert über Raissa Gorbatschowas Hang, wann immer sie Gelegenheit gehabt hätte, in West-Berliner Kaufhäusern zu shoppen.[67] Der Gedanke, dass auch der Wandlitzer Laden, aus dem sich die Honeckers bedienten, nur dank Westware attraktiv war, ist Margot Honecker anscheinend nicht gekommen.

In einem unserer Gespräche, 2015, fiel ihr zu den Gorbatschows nichts mehr ein, als stumm die Hände über dem Kopf zusammenzuschlagen. Sie mochte solche Gesten: zusammenklatschende Hände oder zuckende Schultern, dazu die passende Mimik mit einer verächtlichen Miene, immer wenn es um die politischen Gegner ging. Und ein kurzes »phhh«, wenn es um Vorwürfe der Journaille gegen sie selbst ging. Derlei Nonverbales durchzog unsere Gespräche, auch entschiedenes Kopfschütteln gehörte zu ihrem oft gebrauchten Repertoire an Körpersprache. All das ließ sie als eine für ihr Alter ziemlich dynamische Gesprächspartnerin erscheinen. Zudem achtete Margot Honecker sehr auf sich und auf ihr Äußeres. Ich passte mich an, und so kam auch ich selbst bei warmen Temperaturen mit Sakko und gebügeltem Oberhemd zu ihr.

Bemerkenswert bei ihren Einlassungen zum Untergang ihres Landes und der Analyse der Gründe dafür war bei allen unseren Gesprächen, dass sie erstaunlich offen und schonungslos zwar nicht die politischen, wohl aber die ökonomischen Defizite benannte, die zu zunehmender Unzufriedenheit im Land führten und damit letztlich auch zu Gorbatschows Entscheidung, den bisherigen Weg der Sowjetunion und damit der DDR mit Glasnost und Perestroika politisch wie ökonomisch zu verlassen.

Auch hier wurde wieder einmal sichtbar: Bei all diesen Vorwürfen war Margot Honecker keineswegs wirklichkeitsblind. Sie hatte ein gutes Verständnis von den wirtschaftlichen Nöten, in denen die DDR, die Sowjetunion und der ganze Ostblock Ende der achtziger Jahre steckten. Sie konnte nachvollziehen, welches Kalkül Gorbatschow dazu bewegt hatte, die DDR »preiszugeben« und die Satellitenstaaten in die Freiheit zu entlassen, um wenigstens den Kern des dahinschmelzenden Sowjetreiches zu retten. Aber schon dieser Rückzugsplan erschien ihr verwerflich und unentschuldbar. Statt siegen zu wollen, hatte Gorbatschow das Imperium nur nicht weiter siechen lassen wollen – und ihm gerade damit den Todeskeim eingepflanzt. Denkt man diese Äußerungen zu Ende, dann hätte Gorbatschow aus Margot Honeckers Perspektive offensiv handeln sollen, aggressiv aus Schwäche gewissermaßen – und sei es auch nur, um zu enden wie die Nibelungen in Etzels Halle.

Margot Honecker verstand auch den Wunsch der DDR-Bürger, nicht erst in lichter Zukunft den Westen zu »überholen statt einzuholen«, sondern im Hier und Jetzt Zitrusfrüchte und ein kleines Auto zu genießen, Reisefreiheit und eine bessere Gesundheitsversorgung. Sie fand nur, dass alles das von einer Eigensucht zeugte, die vor dem Hintergrund des Geschichtsverlaufs verantwortungslos wirkte – das Proletariat musste nun einmal die Mühen der Ebene und manche Durststrecke überwinden, um am Ende für immer siegreich zu sein: das Ende der Geschichte, SED-Version.

Stattdessen hätten sie, fand Margot Honecker in Anknüpfung an Brecht, das Fressen über die sozialistische Moral gestellt. Wiederum ein Denken mit zelotischem, das heißt eiferndem Charakter, das lieber endloses Leiden und selbst den Untergang hinnimmt als die Selbsterkenntnis zuzulassen: Wir haben uns verrannt. Machen wir Schluss und probieren etwas Neues!

Das tat sie aber nicht, sie suchte auch in unserem letzten Gespräch die Schuld nicht bei sich, sondern bei den von ihr volksgebildeten Menschen und gestand lediglich zu, man hätte wohl »unseren Menschen« besser erklären müssen, dass man seine persönlichen Wünsche und Bedürfnisse um des großen Ganzen willen nach hinten zu schieben habe. Dass das zu viele irgendwann nicht mehr wollten, das begriff sie irgendwo ökonomisch, aber es widerte sie politisch an, denn aus ihrer Sicht hatte die schiere Gier nach einem materiell besseren Leben im ethisch minderwertigen Kapitalismus das »bessere Deutschland« zu Fall gebracht – unter höchst tätiger Mithilfe Gorbatschows, der die Errungenschaften von vierzig Jahren über die Klippe geschoben habe.

Ohne das Festhalten an diesen Gewissheiten hätte ihr in der Rückschau nicht weniger als der Sinn ihres Lebens und Handelns gefehlt. Sie konnte den Gedanken, dass die DDR und der Ostblock zum Scheitern verurteilt waren und Michail Gorbatschow lediglich der Konkursverwalter war, letztlich gar nicht an sich heranlassen, denn dann hätte sie über sich selbst, über ihr eigenes, verbohrt wirkendes Denken und Handeln den Stab brechen müssen.

Wolf Biermann und die Familie Honecker

Nach ihrem Verhältnis zu Wolf Biermann und ihrer Sicht auf dessen Ausweisung fragte ich in unserem letzten Gespräch nur darum, weil diese Frage im Kapitel »Wölfchen« in Ed Stuhlers Biographie eine so prominente wie geheimnisvolle Rolle spielt.[68] Ähnlich wie im Fall des sie vermeintlich täuschenden ARD-Journalisten beim aus ihrer Sicht verunglückten Interview 2012, fehlte es auch hier an der Möglichkeit, zeitnah den Wahrheitsgehalt ihrer Aussage zu überprüfen, um sie dann direkt mit einer anderen Version zu konfrontieren. Aber für mich als – wenn auch vor langen Jahren – staatsexaminierten Juristen schien mir Margot Honecker auch hier in allen wesentlichen Punkten glaubhaft.

Bei einem Besuch in Hamburg im Winter 1943 lernte sie Emma Biermann kennen, »eine richtige Proletarierfrau« aus kommunistischem Adel, und mit ihr den kleinen Sohn Wolf.[69] Sie bekommt während dieser Reise mit, dass Wolfs Vater Dagobert im KZ Auschwitz von den Nazis ermordet wird. Zu allem Überfluss wird auch Familie Biermann bei der »Operation Gomorrha« im Sommer 1943 ausgebombt, Wolf Biermann hat selber über jene Nacht eindrücklich geschrieben. Als der 17-Jährige 1953 in die DDR übersiedelt, dort sein Abitur ablegt, politisch aktiv werden soll und am Ende mit Berufsverbot belegt wird, bekommt Margot Honecker dies alles mit, da ihr Verhältnis zu Emma Biermann eng bleibt. Sie habe mit ihm geredet, betont in unserem Gespräch aber, wie unzugänglich er ihr gegenüber am Ende gewesen sei. Das mit dem Verhältnis sei natürlich Quatsch, und wie die Sache endete, sei dem Amte wohl bekannt: Ausbürgerung nach seinem Auftritt in Köln am 13. November 1976.

Ich hakte nach und fragte, ob das die richtige Entscheidung gewesen sei. Ja, sicher, sicher sei das richtig gewesen. »Sicher, sicher« war eine der Lieblingsredewendungen der alten Dame. Man merkte sofort, dass sie der Familie Biermann persönlich nahestand und dass ihr der ganze Vorgang der Ausbürgerung irgendwo zwischen unangenehm und lästig war, was sie aber keinen Millimeter von ihrer Haltung zur Richtigkeit der damaligen Entscheidung der DDR-Führung abweichen oder Reue zeigen ließ – auch nicht auf dem Sterbebett. Dieses stets Konsequente war das eigentlich Interessante und setzte sich bei meinen Beobachtungen und Fragen zu ihrer jetzigen Familie in Chile fort.

Margot Honecker war sehr stolz auf ihre Herkunft aus dem »Arbeiteradel« und lebte nach einem ebenso stolzen Satz ihrer Mutter, der da lautete: »Zu einer Überzeugung, einer Sache muss man stehen.« Ob das nun bedeutete, zur Familie zu stehen oder zur Sache des Sozialismus: Man stand zu dem, was einem wichtig war. Auch ein zweiter Satz ihrer früh verstorbenen Mutter prägte sie: »Ihr könnt den Kopf hoch tragen, denn euer Vater gehört zu den Menschen, die Gutes wollen für alle Menschen.«[70] Derlei nötigte mir Respekt ab, auch wenn mir Margot Honeckers »Sache« zutiefst suspekt war. Zu ihrer Ehe, die zumindest der BND bereits Anfang der 1980er Jahre als komplett zerrüttet einschätzte und als nur »aus Gründen der Partei- und Staatsräson« aufrechterhalten, fragte ich nicht weiter nach.[71] Ich fragte sie vielmehr, wie sie es als Ministerin mit einem sehr vollen Arbeitstag geschafft habe, ihre Tochter zu erziehen. »Ja, wie alle Frauen in der DDR«, lautete ihre Antwort. »Ich hab nie Zeit gehabt. Ich hab immer mehr gearbeitet.« Aber Tochter Sonja sei eben mit einem Jahr in die Krippe, dann in die normale POS und dann die EOS in Berlin bis zum Abitur und dann zum Studium nach Dresden gegangen. »Sie wollte nicht in die Politik.« Sie habe darum Automatisierung und später politische Ökonomie studiert – »das war modern«. Sie sei gut geraten, aus ihr sei schließlich auch ein vernünftiger und universitär gebildeter Mensch geworden.

Wer Margot Honecker dabei genau zuhörte, wie sie über ihre Familie sprach, der merkte freilich sofort die unaufgelöste Spannung zwischen ihrer Rolle als Mutter, die selber ihre große Kinderliebe betonte, und der Rolle als »Genossin Minister«, die fast rund um die Uhr verplant und im Einsatz war. Als ich ihr in diesem Zusammenhang sagte, dass es für uns mit drei noch recht kleinen Kindern kaum organisierbar sei, dass die Frau Vollzeit arbeite, erwiderte sie sofort mit einem ungehaltenen Grundton: »Auch berufstätige Frauen können gute Mütter sein.« Sie sagte das so schnell und streng, dass ich das Gefühl hatte, sie wolle sich damit ein wenig selbst freisprechen von dem Vorwurf, allzu früh zu wenig Zeit mit ihrer Tochter verbracht zu haben. Man denke nur an jene Monate, die Margot Honecker auf Geheiß der Partei in Moskau verbrachte, während ihr Baby bei seiner Großmutter bleiben musste. Auch die Ministerin wird sich Sonja nicht so haben widmen können, wie es selbst einer Schichtarbeiterin wenigstens am Wochenende möglich war. Und hat sich Margot Honecker auch einmal die Frage gestellt, ob nicht die frühe »Sozialisierung« der Kinder mindestens ebenso sehr dem auch angesichts niedriger Produktivität grassierenden Arbeitskräftemangel geschuldet war, der die Berufstätigkeit möglichst vieler Frauen erzwang, wie dem Wunsch, den Kindern etwas Gutes angedeihen zu lassen? Hat der Zwischenruf, auch berufstätige Frauen könnten gute Mütter sein, auch diesen Verdacht gegen das parteiamtliche Handeln übertönen sollen? Ich spekuliere, aber lagen nicht diese Einwände für jede und jeden auf der Hand, der offenen Auges durch die DDR ging?

Als ich bei anderer Gelegenheit nach Meinungsverschiedenheiten mit dem Enkel Roberto fragte, die in den mit ihm geführten MDR-Interview deutlich wurden, da wurde sie zwar ein wenig nachdenklich, aber sie ließ die Richtigkeit ihrer Erziehungsmethoden wie auch des gesamten DDR-Erziehungssystems von der Krippe bis zum Diplom-Mediziner wieder nicht ernsthaft infrage stellen. Ja, ihr Enkel habe durchaus Schwierigkeiten gehabt, aber der Auslöser sei ja gewesen, dass er sich, bis dahin in der DDR so exzellent ausgebildet, in der deutschen Schule in Santiago so unterfordert gefühlt und gelangweilt habe. Ähnliches wird man vielleicht auch von anderen Omas hören, wenn es um deren unerkannt hochbegabten Goldenkel geht. Es ging mich letztlich nichts an, und Sonja Honecker habe ich nie kennengelernt. Entsprechend konnte und wollte ich mir dazu kein Urteil erlauben. Alles unbesehen glauben wollte ich ihr aber auch nicht.

Dem Enkel bin ich 2015, so vermute ich, nur indirekt und unter seltsamen Umständen begegnet: Während ich mit Margot Honecker auf der sonnigen Terrasse wieder beim Westkaffee saß, war da jemand hinter einer Gardine im ersten Stock zugegen. Er hätte für das MfS tätig sein können, wenn er nicht ständig gehustet hätte. Und wer weiß, dass eine Hauptsorge dieses Enkels Roberto 2013 beim Flug zu seiner Kunstausstellung nach Deutschland die Frage war, wie man 13 Stunden im Flugzeug ganz ohne zu rauchen überstehen könnte, der kann sich denken, wer da oben hinter der Gardine wohl hustete.

Kurz: Ich habe Margot Honecker im Gespräch über die Familie Biermann wie auch bei meist von ihr angestoßenen Gesprächen über meine wie ihre eigene Familie einerseits als emotionalen Familienmensch kennengelernt, der betonte, wie sehr die Familie in dieser für sie so schweren Zeit der Krankheit zusammenhalte und wie sie den Enkel unterstütze. In seinem *Zeit*-Interview aus dem Jahr 2011 wurde sehr klar, dass Roberto sich durchaus im Klaren ist, dass er seiner Familiengeschichte nur schwer ausweichen kann, auch wenn er die Ansichten seiner deutschen Großeltern politisch nicht teilt.[72] Seine Mutter Sonja hingegen befestigt noch heute die Pizzataxibestelllisten mit DDR-Fahnen und Erich Honecker als Magneten an ihrem Kühlschrank.

Putin, die deutsche Tagespolitik und die Flüchtlingskrise

Als Letztes befragte ich sie 2016 über die aktuelle Tagespolitik, über Angela Merkels Flüchtlingspolitik, über Syrien und Wladimir Putin. Über Angela Merkel verlor sie kein Wort und wich wie immer gekonnt und ganz professionell aus, wenn in unseren Gesprächen die Rede auf die Bundeskanzlerin kam. Sie betonte aber ausdrücklich, dass sie Merkels Vater, Pfarrer Horst Kasner, nie kennengelernt habe.

Zu Wladimir Putin, da äußerte sie eine klare Meinung und verwies auf das neben ihr liegende Journal

der MLPD: Putin sei aus einem ganz anderen Holz ge-
schnitzt als Gorbatschow, der könne Russland wieder
zu jenem stolzen Land machen, das Gorbatschow zerstört habe, weil Putin verstanden habe, dass die Russen im Herzen Patrioten seien und wieder sein wollten
in einem Land, das stets bedroht war: »Russland war
immer in Gefahr und ist es heute wieder«, so drückte
Margot Honecker das aus und resümierte: »Vom Stand-
punkt, dass er alles macht, damit Russland als Groß-
macht nicht verschwindet, sondern mithandeln kann
in der internationalen Politik, zeigt sich, wie wichtig
das ist, da Russland am Frieden interessiert ist, interessiert sein muss, sonst kann es sich nicht entwickeln.
Auch der Kapitalismus in Russland kann sich entwickeln. Und dabei geht Putin sehr geschickt vor. Er kennt
die Geschichte seines Volkes, und die Russen sind Patrioten. Die Russen würden nie verzeihen, wenn er
die ganze Geschichte in den Abfall schmeißen würde.
Diese Politik würden sie nie unterstützen, aber sie unterstützen Putin in dieser Richtung. Wie lange das so
geht, weiß man nicht.« Zumindest geopolitisch war
dieser russische Machthaber für sie jemand, der die
Hoffnung bot, die Dinge wieder ins ihr genehme Lot zu
bringen. Zur katastrophalen ökonomischen Situation
in Russland sagte sie hingegen kein Wort.

Und dann kamen wir über Putin zu Syrien, Assad
und der Flüchtlingskrise. Sie äußerte sich nur sehr allgemein: Das sei ja alles schrecklich mit den Bildern an
den deutschen Grenzen. Ich wollte sie aus der Reserve
locken und verwies auf die alte Schule der Grenzsiche-
rung. Darauf stieg sie aber nicht ein, sondern betonte,

dass sie schon immer gesagt habe, dass die Probleme der Flüchtlinge in deren Herkunftsländern lägen und nur dort zu lösen seien.

Das klang vernünftig, aber was sie meinte und wollte, war freilich genau das, was in dem MLPD-Wochenmagazin zu lesen war: Die Amerikaner seien durch ihre Einmischung im Nahen Osten an der ganzen verkorksten Situation schuld, bei der es ja letztlich nur um das Öl gehe. Und Menschen wie Putin oder Assad seien halt die einzigen, die da unten Ruhe hereinbringen und die Situation befrieden könnten, notfalls eben auch mit Waffengewalt. Die Bundeswehr hingegen war für sie nichts weiter als ein willfähriger Handlanger der Vereinigten Staaten.[73] Diese und nicht die Deutschen würden entscheiden, wo Deutschland zu kämpfen und vor allem wirtschaftliche Interessen des Westens zu verteidigen habe. Und die deutsche Politik sei im Wesentlichen davon getrieben, die rüstungspolitischen Interessen ihrer eigenen »Kriegsindustrie« zu bedienen.[74] So einfach kann Außenpolitik sein – zumindest für eine bekennende Stalinistin.

Nur an einer Stelle wurde es außenpolitisch differenzierter, und zwar, als die Rede auf Kuba kam, wo sie noch kürzlich zu Besuch gewesen war. Die dortige Öffnung sei »sehr vernünftig«, aber auch »sehr riskant«. Vernünftig, weil es das ökonomische und damit auch das politische Bestehen Kubas sichere. »Ein Sozialismus, in dem man die Armut umverteilt, ist noch kein Sozialismus«, sagte sie, und dabei müssten so manchem ehemaligen DDR-Bürger die Ohren klingeln. Riskant sei die Öffnung in Kuba, weil dort alle nun Zugang zu offener Kommunikation bekämen und die USA dort nun »ihren Fuß drin hätten oder zwei«. Die Menschen können dann sehen, wie man anderswo lebt – und auch das erinnerte mich an ein untergegangenes Land und die wahre Begründung für seine kollabierte »Friedensgrenze«.

Skeptischer als bei Kuba war sie im Falle Venezuelas. Statt aber dem Missmanagement der sozialistischen Regierungen von Hugo Chávez und Nicolás Maduro die Schuld für die aktuelle Misere zu geben, sah sie den Grund für die derzeitige Staatskrise dort darin, dass die »progressiven Kräfte« eine friedliche Umgestaltung versucht hätten, aber am Druck der kapitalistischen Monopole im Land gescheitert seien. Auch hier war ich diametral anderer Meinung, war aber nicht erstaunt, dass sie Südamerika insgesamt darum immer stärker in die Krise gleiten sah, weil die »soziale Schraube« durch die Machtinteressen der Kapitalisten immer weiter nach unten gedreht werde.

Auch in Chile sei das Bildungs- und Gesundheitssystem »schrecklich« und die von ihr positiv eingeschätzte Präsidentin Bachelet schaffe nur »ganz kleine Schritte«. Mehr sei »eben nicht drin«, weil es in Chile und anderswo, unterstützt »von den Bossen«, eine »Gegenoffensive gegen Links« gebe.

Und um den geographischen Bogen komplett zu machen: Das sei in Deutschland im Übrigen ganz genauso mit der »sozialen Schraube«, die immer mehr angezogen werde. Und nun gehe »alles weiter nach rechts, auch in Deutschland«. Darum schiebe man den Flüchtlingen alle Schuld für die soziale Lage in die Schuhe, schreie nach dem Schließen der Grenzen und betreibe unerträgliche »Rassenhetze«. Das werde noch mal irgendwann in einem sozialen Aufstand enden.

Innenpolitisch fragte sie mich in allen Gesprächen von sich aus nach der Situation in Deutschland, und im letzten Gespräch im April 2016 sogar, wie ich mir in so einem Land für meine Familie und mich die Zukunft vorstelle. Margot Honecker hatte Satellitenempfang und war bestens über die Entwicklungen in Deutschland informiert, aber sah eingedenk ihrer Haltung offenbar in den Nachrichten nur die Dinge, die sie sehen wollte.

Als ich etwas von »Vollbeschäftigung« in manchen Teilen Deutschlands berichtete, fragte sie sofort nach den vielen Sozialhilfeempfängern und Obdachlosen, die es in der DDR ja nicht gegeben habe. Von der hohen Rate an versteckter Arbeitslosigkeit in der DDR-Wirtschaft wollte sie nichts wissen, wohl aber von der hohen Arbeitslosigkeit in den neuen Bundesländern. Und sie berichtete ihrerseits – freilich vor Michelle Bachelets zweiter Amtszeit, die sie als linksgerichtete und in der DDR ausgebildete Sozialistin bevorzugte – von den repressiven Maßnahmen der neoliberalen Regierung des Kapitalistenpräsidenten, des Milliardärs Sebastián Piñera, gegen revoltierende linke Studenten. Diese Studenten, die müsse man immer unterstützen, denn da wehe revolutionärer Wind. Mancher mag entgegnen: Wie revolutionär waren denn ihre Studenten damals in Karl-Marx-Stadt?

Kurz: Margot Honecker interessierten an Deutschland und Chile nur jene Nachrichten, die ihre These vom Niedergang des Kapitalismus stützten. Und der Sozialismus werde ganz sicher wiederkommen. Was sollte man da weiter fragen? Wir verabschiedeten uns am späten Nachmittag, und ich wusste, dass es ein Abschied für immer war. Das machte mich zwar menschlich betroffen. Aber ich musste mich an Helmut Schmidts Satz erinnern, den er im Hinblick auf Margot Honecker gesagt hatte: »Mitleid mit Menschen, die eine Diktatur inszeniert und aufrechterhalten haben, muss man nicht übertreiben.«

Willkommen und Abschied –
von der DDR

Margot Honecker war auf ihren Tod bestens vorbereitet. Der protokollarische Ablauf ihres Sterbens war alles andere als improvisiert. Sie sagte mir ja bereits am Telefon im April 2016, sie habe jene sechs Genossen so instruiert, dass sie mit ihrer Tochter Sonja »die Dinge für mich regeln« sollten.

Ich fragte sie am Ende: Würden Sie ihr Leben wieder so leben? Sind Sie zufrieden mit ihrem Leben? Sie antwortete nicht resigniert, sondern gefasst und aus ihrer Sicht realistisch: »Man ist eingezwängt in dieses System, und man kann sich nicht aussuchen, wie man leben will. Bei uns war alles ..., wir haben geplant, wann man Urlaub macht. Alles lief so. Es muss übrigens für alle sehr schwer gewesen sein, die Umstellung. Manche haben es gut getroffen, die eine gute Ausbildung hatten und einen guten Job bekommen haben.« Selbst bei der Frage zu ihrem eigenen Lebensende landeten wir also wieder beim Jahr 1989.

Sie starb in dem Zimmer, in dem wir uns fast auf den Tag genau nur einen Monat zuvor verabschiedet hatten, am Freitag, dem 6. Mai 2016 um 7.15 Uhr morgens, 12.15 Uhr deutscher Zeit, in Anwesenheit ihrer Tochter Sonja, einer Freundin und einer der Krankenschwestern, die sich in den letzten Wochen um sie gekümmert hatten.[75] Es dauerte bis nach 20 Uhr deutscher Zeit, ehe die Meldung von ihrem Ableben über die Nachrichtenagentur AFP und einen chilenischen Fernsehkanal an die deutsche Öffentlichkeit gelangte. Kaum war die AFP-Meldung heraus, da lief die Medienmaschine im Internet umgehend an. Keine halbe Stunde nach Bekanntwerden der Todesnachricht in Deutschland erschienen am späten Abend noch die lange vorbereiteten Nachrufe in den Internetausgaben fast aller Zeitungen. Und wie von Margot Honecker erwartet, war *Bild online* besonders gnadenlos: »Keine Tränen für die ›lila Hexe‹«.[76] Keine 24 Stunden später titelte man dort noch reißerischer: »First Lady der DDR – Die Sex-Akte von Margot Honecker«.[77]

Doch der Kapitalismus funktionierte. All die am Freitag fast zeitgleich zwischen 22 und 23 Uhr erschienenen Nachrufe waren gegen Samstag um 13 Uhr bereits wieder von öfter angeklickten Artikeln verdrängt worden. Und extra aus Deutschland angereiste Journalisten brauchte man so in Chile nicht zu fürchten, weil die Trauerfeier bereits 24 Stunden nach der Bekanntgabe des Todesfalls über die Bühne ging, sodass eine Anreise aus Europa nicht mehr möglich war und die großen Fernsehanstalten nur noch ihre Südamerikakorrespondenten schicken konnten.

Straff durchgeplant schien diese Trauerfeier, die zu einer letzten Zeitreise in ein untergegangenes Land werden sollte.[78] Der Sarg Margot Honeckers wird aufgebahrt, geschmückt mit roten Nelken und DDR-Fahne, genau wie damals bei ihrem Mann. Auch chilenische

Genossen zeigen DDR-Fahnen, Journalisten werden von der Trauerhalle ferngehalten. Der *Cementerio Parque del Recuerdo* ist ein landschaftlich sehr schöner, grüner Friedhof, auf dem sich die Familie und ca. 50 Weggefährten oder Menschen, die der fremden Kommunistin Solidarität bezeigen wollten, bereits um 10 Uhr in der Frühe versammelt hatten. Laut Medienberichten wurde der Leichnam bereits am Montag eingeäschert.

Natürlich darf bei so einer Trauerfeier die *Kommunistische Internationale* nicht fehlen und außerdem, und deutlich überraschender, wird auf einer Gitarre das schlesische Volkslied *Und in dem Schneegebirge* intoniert. Doch auch wenn ihre Familie, die erwähnten sechs Genossen oder Margot Honecker selbst ihren Abgang absichtlich oder ungewollt medial optimiert hatten: Mit ihr wurde auf diesem Friedhof in Santiago abermals ein Stück DDR beerdigt.

Dass das sehr bald so kommen würde, war mir klar, als wir uns am 5. April 2016 ganz bewusst ein letztes Mal voneinander verabschiedeten. Beim Verlassen des Hauses hinterließ ich außer Sichtweite des Krankenzimmers auf dem Küchentisch die Blaubeertorte, die die Kranke nicht essen mochte. Der mich zur Tür begleitenden Krankenschwester überreichte ich einen morgens von mir vorbereiteten getippten Brief für Margot Honeckers Tochter Sonja:

Sehr geehrte Frau Yanez,
auf diesem Wege möchte ich mich herzlich bei Ihnen bedanken, dass ich nach 3 Gesprächen (...) im Haus Ihrer Mutter (2013 und 2015) diese nun ein viertes und nach deren Ein-

druck leider auch wohl letztes Mal bei Ihnen daheim besuchen und sprechen konnte.

Bitte halten Sie mich doch – gern auch per E-Mail – über alle Entwicklungen auf dem Laufenden, da ihre Mutter sagte, dass sie meine Mails zwar lesen, aber nicht mehr beantworten kann. Zudem kann ich jederzeit und zeitnah nach Santiago kommen.

Mit bestem Dank Ihres
Nils Ole Oermann
Santiago den 5.4.2016.

Ich habe nie wieder etwas von der Familie gehört.

Was bleibt? Mir bleibt vor allem die Erinnerung an viele Stunden im Gespräch mit einer Person der Zeitgeschichte, die ich bis dahin nur aus dem Fernsehen und aus der Zeitung gekannt hatte. Nach meinem Besuch habe ich noch einmal angerufen, um ihr wie die Jahre davor zum Geburtstag zu gratulieren. Nach dem 17. April, dem Tag ihres 89. Geburtstages, habe ich nichts mehr von ihr gehört.

Venceremos (Wir werden siegen), so lautet der Titel eines in Chile komponierten Kampfliedes, das auch der Sozialist Salvador Allende in seinem Wahlkampf nutzte. Sicher ist nun, dass auch Margot Honecker einen zweiten Sieg des Sozialismus in Deutschland nicht mehr erleben sollte. Aber an diesen Sieg – wenn auch in ferner Zukunft – glaubte sie bis ganz zum Schluss! Die kluge Frage Stefan Heyms, was denn das für ein Sozialismus sei, »der sich einmauern muss, damit ihm sein Volk nicht davonläuft« – diese Frage hat sich Margot Honecker so wohl nie gestellt oder, wenn ja, so beantwortet, dass man sich vor den Angriffen der Feinde mit einem Schutzwall umgeben habe. Das sah sie in all unseren Gesprächen unverändert so.

Für mich als Historiker hatte sich überraschend eine Tür geöffnet zu unmittelbaren Eindrücken. Was aber bleibt von diesen Eindrücken, wenn ich die Erwartungen hinsichtlich des Anfangs unserer Gespräche betrachte und abgleiche mit den Eindrücken, die ich heute von dieser Frau habe?

2013 fiel mir in den Schoß, eine Anti-Heldin der neueren Zeitgeschichte in Augenschein nehmen zu können. Natürlich hatte ich Lust dazu, auch wenn ich keine politische oder weitere Agenda verfolgte und auch nie in Anspruch nehmen könnte, Experte im Bereich neuerer deutscher Geschichte zu sein. Ich hatte lediglich erwartet, als Urlauber in Chile eine unbeirrte wie unbeirrbare Stalinistin zu treffen und zudem eine Person, die etwas Böses an sich hatte.

Heute kann ich sagen, dass die alte Dame keineswegs böse wirkte. Am meisten überraschte mich, wie wenig überraschend, ja selbst bis in den sprachlichen Duktus einer Funktionärin erwartbar ihre Einlassungen zu politischen Themen waren. Es war weniger der Neuigkeitswert der Dinge, die sie mir sagte, der mich umtrieb, sondern vielmehr die Art, *wie* sie mir alles das erzählte. Es war die Authentizität einer bis in jede Haarspitze überzeugten Stalinistin, die bis zum Sterbebett nichts bereute. Unentschiedenheit verstand Margot Honecker im Sinne des Oktoberklub-Songs *Sag mir, wo du stehst* vor allem als Schwäche. Und Schwäche, die verzieh eine Revolutionärin sich nicht und schon gar nicht ihren politischen Gegnern und zwar bis ganz zum Schluss. War meine Gesprächsanfrage an sie auch mit der Überlegung verbunden gewesen, den Menschen hinter den von ihr gezeichneten Klischees kennenzulernen und so ihrer Mythologisierung entgegenzutreten, musste ich mir am Ende unserer Bekanntschaft eingestehen, dass sie in vielerlei Hinsicht schlicht den Klischees entsprach.

An Margot Honecker konnte ich besichtigen, was totalitäre Ideologien mit Menschen anrichten und was diese Menschen für solche Ideologien in der Folge anderen Menschen anzutun bereit sind. Begegnet war mir eine durchaus sympathische Dame, die mir freundlich Westkaffee nachschenkte, um nur eine Minute später bei einer Frage nach den Mauertoten keinerlei Anteilnahme am Schicksal Hunderter junger Menschen zu fühlen, die sie als politische Gegner betrachtete und noch im Tod verachtete. Auch hatte ich an keiner Stelle das Gefühl, dass sie sich irgendetwas schönredet oder Fehler auf andere projiziert, um ihr seelisches Gleichgewicht intakt zu halten. Nein, sie hatte einfach alles richtig gemacht und kannte die Wahrheit wie keine zweite. Tote Klassenfeinde waren für Margot Honecker wenig mehr als Fußnoten der Geschichte, ja mehr noch: Die hatten ihr Schicksal verdient. »Fanatismus«, so formulierte Pfarrer Holmer seine Diagnose.

In einer Zeit des Terrors von Ideologien, von einem Wiedererstarken der extremen politischen Ränder scheint mir das, was ich in Santiago über drei Jahre in Augenschein nehmen durfte, eine sehr wertvolle Erfahrung zu transportieren: Nichts entfremdet einen mehr von den Menschen, als sich im Besitz der allein seligmachenden Wahrheit zu wähnen.

Ich denke oft an Margot Honecker und ihr versunkenes Land. Wie sagte sie kurz vor ihrem Tod: »Geschichte geht weiter. Die Entwicklung geht darüber hin.«

Auswahlbibliographie

Reinhold Andert/Wolfgang Herzberg, Der Sturz. Erich Honecker im Kreuzverhör, Berlin/Weimar 1990.

Wolf Biermann, Über das Geld und andere Herzensdinge. Prosaische Versuche über Deutschland, Köln 1991.

Bernd Brückner, An Honeckers Seite. Der Leibwächter des Ersten Mannes, Berlin 2014.

Luis Corvalán, Gespräche mit Margot Honecker über das andere Deutschland, Berlin 2001.

Diane Ducret, Die Frauen der Diktatoren, Salzburg 2011.

Lucia Engombe, Kind Nr. 95. Meine deutsch-afrikanische Odyssee, Berlin 2004.

Kurt Hager, Erinnerungen, Leipzig 1996.

Uwe Holmer, Der Mann, bei dem Honecker wohnte, Holzgerlingen ²2009.

Erich Honecker, Aus meinem Leben, Berlin 1981.

Erich Honecker, Moabiter Notizen, Berlin 1994.

Erich Honecker, Letzte Aufzeichnungen. Für Margot, hrsg. v. Frank Schumann, Berlin ²2012.

Margot Honecker, Zur Bildungspolitik und Pädagogik in der Deutschen Demokratischen Republik. Ausgewählte Reden und Schriften, Berlin 1986.

Margot Honecker, Zur Volksbildung. Gespräch mit Frank Schumann, Berlin ²2012.

Klaus Huhn, Margot Honecker – die rote First Lady, Berlin 2009.

Heinz Keßler, Zur Sache und zur Person, Berlin 1996.

Hubertus Knabe, Die Täter sind unter uns. Über das Schönreden der SED-Diktatur, Berlin 2007.

Egon Krenz, Herbst 89, Berlin 1999.

Thomas Kunze, Staatschef a. D. – Die letzten Jahre des Erich Honecker, Berlin ²2012.

Wolfgang Leonhard, Die Revolution entlässt ihre Kinder, Köln 1992.

Jan N. Lorenzen, Erich Honecker. Eine Biographie, Hamburg 2001.

Wilfried Poßner, Immer bereit! So war unsere Pionierorganisation, Berlin 2012.

Alexander Schalck-Golodkowski, Deutsch-deutsche Erinnerungen, Hamburg 2000.

Ed Stuhler, Margot Honecker. Eine Biografie, München 2005.

Stefan Wolle, Die heile Welt der Diktatur, Berlin 1998.

Anmerkungen

1 Honeckers Enkel: »Ein Rebell bin ich erst heute«, in: *Zeit Magazin*, Nr. 10, 3.3.2011.

2 http://www.mdr.de/damals/archiv/leben-mit-margot-honecker100.html

3 Vgl. http://www.daserste.de/information/reportage-doku mentation/dokus/der-sturz-honeckers-ende100.html

4 Reinhold Andert/Wolfgang Herzberg, Der Sturz. Erich Honecker im Kreuzverhör, Berlin/Weimar 1990, S. 183.

5 Ed Stuhler, Margot Honecker. Eine Biografie, München 2005.

6 https://www.youtube.com/watch?v=GloRTnlXWlc

7 Honeckers Enkel: »Ein Rebell bin ich erst heute«, in: *Zeit Magazin*, Nr. 10, 3.3.2011.

8 Horst Sindermann: Vor Tageslicht. Autobiografie. Mit einem Vorwort von Egon Krenz, Berlin 2015.

9 Vgl. Bezirksgericht Zürich, Aktenzeichen LB080075; Andreas Mihm, 230 Millionen Euro Schadenersatz wegen Geldwäsche, in: *Frankfurter Allgemeine Zeitung*, 27.3.2010. http://www.faz.net/aktuell/politik/inland/230-millionen-euro-schadensersatz-wegen-sed-geldwaesche-1951750.html

10 Bernd Brückner, An Honeckers Seite. Der Leibwächter des Ersten Mannes, Berlin 2014, S. 9.

11 Alexander Schalck-Golodkowski, Deutsch-deutsche Erinnerungen, Hamburg 2000, S. 221.

12 Bernd Brückner, An Honeckers Seite, S. 162.

13 Hubertus Knabe, Die Täter sind unter uns. Über das Schönreden der SED-Diktatur, Berlin 2007, S. 194 f.

14 Vgl. Klaus Taubert, »In ihrer Handtasche steckte immer eine Pistole«. Margot Honeckers Chauffeur, *Spiegel online*, 29. 12. 2010 http://www.spiegel.de/einestages/margot-honeckers-chauffeur-a-949246.html

15 Vgl. Luis Corvalán, Gespräche mit Margot Honecker über das andere Deutschland, S. 21, 27.

16 Vgl. Ed Stuhler, Margot Honecker, S. 31 f.

17 Vgl. ebd., S. 32 f.

18 Reinhold Andert/Wolfgang Herzberg, Der Sturz. Erich Honecker im Kreuzverhör, S. 238.

19 Ed Stuhler, Margot Honecker, S. 19.

20 Luis Corvalán, Gespräche mit Margot Honecker über das andere Deutschland, S. 23.

21 Ed Stuhler, Margot Honecker, S. 44.

22 Luis Corvalán, Gespräche mit Margot Honecker über das andere Deutschland, S. 25.

23 Ed Stuhler, Margot Honecker, S. 49 f.

24 BStU, MfS-SDM 1481, zitiert nach: Ed Stuhler, Margot Honecker, S. 58–60.

25 Ed Stuhler, Margot Honecker, S. 71–73.

26 Erich Honecker, Aus meinem Leben, Berlin 1981.

27 Ebd., S. 180 bzw. S. 238.

28 Zitiert nach: Ed Stuhler, Margot Honecker, S. 56.

29 Ebd., S. 66.

30 Ebd., S. 90–93.

31 Reinhold Andert/Wolfgang Herzberg, Der Sturz, S. 36.

32 Thomas Kunze, Staatschef a.D. – Die letzten Jahre des Erich Honecker, Berlin ²2012, S. 19 f.

33 Luis Corvalán, Gespräche mit Margot Honecker über das andere Deutschland, S. 95.

34 Ed Stuhler, Margot Honecker, S. 238.

35 Luis Corvalán, Gespräche mit Margot Honecker über das andere Deutschland, S. 97.

36 Ebd., S. 105.

37 Margot Honecker, Zur Bildungspolitik und Pädagogik in der Deutschen Demokratischen Republik. Ausgewählte Reden und Schriften, Berlin 1986, S. 440–446 und S. 268–325.

38 Bernd Brückner, An Honeckers Seite, S. 129.

39 Luis Corvalán, Gespräche mit Margot Honecker über das andere Deutschland, S. 55.

40 Ebd.

41 Vgl. Diane Ducret, Die Frauen der Diktatoren, Salzburg 2011, S. 260–283.

42 Klaus Taubert, »In ihrer Handtasche steckte immer eine Pistole«. Margot Honeckers Chauffeur, *Spiegel online*, 29. 12. 2010. http://www.spiegel.de/einestages/margot-honeckers-chauffeur-a-949246.html

43 Margot Honecker, Zur Volksbildung, S. 78.

44 Holger Witzel, »Hallo Margot, alte Hexe«, in: *Stern*, 17. 4. 2007.

45 Ed Stuhler, Margot Honecker, S. 205.

46 https://www.bundesregierung.de/Content/DE/Magazine/MagazinSozialesFamilieBildung/080/s-d-kleinkinderziehung-in-der-ddr-und-heute.html

47 http://www.sueddeutsche.de/politik/ehemalige-ddr-ministerin-margot-honecker-in-chile-gestorben-1.2983837

48 Die Fragen des *Stern* und Margot Honeckers ausführlicher Antwortbrief sind abgedruckt in: Klaus Huhn, Margot Honecker. Die rote First Lady, Berlin 2009, S. 82–93.

49 Ebd., S. 85 f.

50 Ebd., S. 83.

51 Ebd., S. 85.

52 Ebd., S. 87–89.

53 Ebd., S. 90.

54 Luis Corvalán, Gespräche mit Margot Honecker über das andere Deutschland, S. 32.

55 Margot Honecker: »Sie hat viele Briefe bekommen«. Interview mit Klaus Huhn, in: *Die Zeit*, 12.5.2016.

56 Uwe Holmer, Der Mann, bei dem Honecker wohnte, Holzgerlingen 2009; vgl. besonders Kapitel 9: Erich Honecker, S. 132–154.

57 Uwe Holmer, Der Mann, bei dem Honecker wohnte, S. 136.

58 Ebd. S. 137 f.

59 Vgl. Erich Honecker, Moabiter Notizen, Berlin 1994; Erich Honecker, Letzte Aufzeichnungen. Für Margot, Berlin ²2012.

60 Honeckers Enkel: »Ein Rebell bin ich erst heute«, in: *Zeit Magazin*, Nr. 10, 3.3.2011.

61 Zum sozialistischen Idealmenschen geprügelt, in: *Süddeutsche Zeitung*, 13.6.2012 http://www.sueddeutsche.de/politik/entschaedigung-fuer-ddr-heimkinder-zum-sozialistischen-idealmenschen-gepruegelt-1.1381710

62 Vgl. Thomas Kunze, Staatschef a. D., S. 81.

63 Ebd.

64 Luis Corvalán, Gespräche mit Margot Honecker über das andere Deutschland, S. 123, 133.

65 http://www.sueddeutsche.de/politik/ehemalige-ddr-ministerin-margot-honecker-in-chile-gestorben-1.2983 837

66 Klaus Taubert, Der Tod der starrsinnigen Witwe, Spiegel online, 6.5.2016. http://www.spiegel.de/einestages/tod-von-margot-honecker-endstation-chile-a-1091206.html

67 Klaus Taubert, Das letzte Mahl, Spiegel online, 25.10.2010. http://www.spiegel.de/einestages/40-geburtstag-der-ddr-a-949188.html

68 Ed Stuhler, Margot Honecker, S. 161–171.

69 Zitiert nach ebd., S. 62f.

70 Luis Corvalán, Gespräche mit Margot Honecker über das andere Deutschland, S. 22.

71 Vgl. BND-Papiere: Erich Honecker litt jahrelang unter Ehefrau Margot, in: Die Welt, 22.1.2012. http://www.welt.de/politik/deutschland/article13827925/Erich-Honecker-litt-jahrelang-unter-Ehefrau-Margot.html

72 Honeckers Enkel: »Ein Rebell bin ich erst heute«, in: Zeit Magazin, Nr. 10, 3.3.2011.

73 Luis Corvalán, Gespräche mit Margot Honecker über das andere Deutschland, S. 147.

74 Ebd.

75 Matthias Lauerer, Beerdigung von Margot Honecker: »Meine Oma war eine starke Frau«, Spiegel online, 7.5.2016. http://www.spiegel.de/politik/ausland/margot-honecker-die-beerdigung-in-santiago-de-chile-a-1091267.html

76 Peter Tiede, Keine Tränen für die »lila Hexe«, Bild online, 7.5.2016. http://www.bild.de/politik/inland/margot-honecker/nachruf-von-peter-tiede-45703948.bild.html

77 Peter Tiede, Die Sex-Akte von Margot Honecker, Bild online, 8.5.2016. http://www.bild.de/politik/inland/margot-honecker/diesexakte-margot-honecker-45705598.bild.html

78 Zur Trauerfeier vgl. u.a.: Abschied von Margot Honecker, *Zeit online*, 8.5.2016. http://www.zeit.de/politik/ausland/2016-05/margot-honecker-santiago-de-chile-trauerfeier